Collana Highlander
La retorica delle puttane
di Nome Cognome
Prima ristampa: luglio 2023
© *2023*, Edizioni Clandestine

Edizioni Clandestine
Via Fabio Filzi, 3
Cinisello B. Milano 20092
340.9481047
www.edizioniclandestine.com

Edizioni Clandestine è un marchio di proprietà del Gruppo Editoriale Santelli
www.grupposantelli.it

Collana

Highlander

Ferrante Pallavicino

LA RETORICA
DELLE PUTTANE

LA RETORICA
DELLE PUTTANE

Composta conforme ai precetti di Cipriano.
Dedicata alla università delle cortigiane più
celebri

SIGNORE GENTILISSIME

Non ad altri che a voi deve dedicarsi questo libro, se è vero che ogni cosa si indirizza naturalmente alla vostra sfera di competenza. Questo è un registro dei vostri trionfi, poiché esercitate perfettamente nella pratica tutto ciò che qui in teoria si propone. Tra le altre sempre vi dimostraste insigni negli artifici propri della vostra professione, e perciò ragionevolmente ho destinato le colorite tele di questi fogli a prendere chiarezza maggiore sotto l'ombra del vostro nome. Avrà aria propria questo quadro, quando chi legge a prima vista incontrerà voi di prospettiva. Non pretendo però di consacrarvi questa composizione come degna delle vostre glorie, ma al contrario di sottoporla al vostro giudizio in quanto carente in molte parti e piena di errori che dovranno correggersi con le vostre regole. Dichiaro di non poter scrivere quanto voi sapete operare, né io so ipotizzare tante finzioni e furberie quante praticate da voi per uso ordinario. Aggiungete quel più che offre il vostro talento, molto superiore alla debolezza del mio ingegno. Ricordatevi che già vi dedicò il cuore chi ora dona questo libro: graditelo dunque come regalo affettuoso di chi vi ama. E sebbene non siano apprezzate da voi le carte, se non quando avvolgono in quelle degli amanti monete d'oro, non dovete però disprezzare le presenti. Ben apprendendo ciò che in esse si rappresenta avrete miniere preziose, da dove fruttificheranno per voi abbondanti ricchezze. Giudicate questo volume come un mazzo di carte da gioco di poco o nessun valore, utile però a fare in modo che vi arricchiate con insoliti guadagni. Abbia dunque merito appresso di voi la mia buona volontà, e remuneratemi talvolta col porre gratis la vostra bolletta in modo che io abbia libero accesso ai godimenti, senza alcuna spesa. Esentatemi dal rigoroso dazio quale è d'obbligo pagare a chi compera un bocconcino delle vostre carni, e ancorché puzzino talora e per lo più siano poco buone, il prezzo è ingordo. Quando procederete con me liberalmente, mi regolerò al proverbio che vieta di guardare in bocca al cavallo donato: e così non mi curerò d'aver petto, pancetta o altra parte di peggior taglio, che come suole dirsi abbia cattiva qualità, quasi carne di collo. Se insomma corrisponderete prodighe di amorose dolcezze ad un amichevole volere, prenderò il tutto per bello e per buono, finché rifiuterete di gratificarmi con un poco di sottoschiena.

Da città buona per voi, adì 25 agosto (mese molto cattivo poiché la carne puzza), anno 1642.

Vostro cordialissimo, quello che ben sapete.

L'AUTORE AI LETTORI

Fu precetto dei più saggi quello in cui si prescrive fare bene e perfettamente ciò che si fa. Dalla osservanza di questo si ha merito anche in azione cattiva, acquisendo encomio per il modo eccellente di operare in quella. Il mezzo assegnato per centro della virtù da chi disse *In media sita virtus est* significa essere virtuoso quell'uomo che indifferentemente distante dagli estremi del bene e del male sa applicarsi o all'uno o all'altro con eguale spirito e con esito adeguato ai progetti. Né deve porsi in dubbio la verità di questa esposizione da chi sa che la vera virtù non deve interrompersi sulla metà del corso. Concordano così le morali come i teologi che il non procurare sempre nuovi progressi nel cammino di quella sia un tornare indietro; allo stesso modo che sia lecito di fermare nel mezzo il piede e arrestare i passi.

Anche nelle sacre carte è biasimata la tiepidezza propria di chi non è né male buono né bene cattivo, in paragone di quella, desiderando Dio l'uomo totalmente freddo, cioè di pervertito volere, in modo che si vanti da lui una compita malizia. Il testo è chiaro nell'Apocalisse: *Utinam frigidus vel calidus esses! Sed quia nec frigidus nec calidus es, incipiam te evomere (Poiché non sei freddo né caldo. Fossi tu freddo o caldo! Ma poiché sei tiepido, cioè né freddo né caldo, sto per vomitarti dalla mia bocca).* Appare personaggio di elevata virtù chi applica tutto se stesso anche al male, per riuscire nel suo intento con eccesso di perfezione. Incolpasi la volontà se, proclive al peggio, fallisce nell'eleggere ciò che in riguardo dei sentimenti ragionevoli dovrebbe rifiutarsi. Sono gloriosi quei pittori che suscitano meraviglia dipingendo oggetti deformi; la bruttezza è colpa dell'originale, non della effigie. Così non toglie il vanto ad una operazione perfettamente eseguita l'essere questa malvagia, e però biasimevole; è ritenuta demerito per chi la propose come eleggibile sotto quella generalità di bene la quale, distinta in onesto utile e dilettevole, fa che si approvi per buono tutto ciò che rappresenta utilità e diletto.

Con simile supposto, pretendo, o lettore, di scemare la meraviglia di questa stravaganza, mentre vedrai formati i dogmi di professione infame. Essendo opera di carità l'insegnare ad ignoranti, e nella nostra specie non ritrovandosi ignoranza maggiore che nella donna, ho stimato bene l'indirizzarla con universale dottrina in un esercizio praticato comunemente. Non m'ascriverò a poca lode se potrò ottenere che imbevute di questi documenti non vilipendano il mestiere di puttana. Ti darà forse nel naso questo nome per essere poco toscano, e nulladimeno lecito in componimento scherzoso, affinché si capisca di primo tratto da tutti quale ne sia la materia, senza porre in sostegno il libro con le parole «meretrici» o «concubine». Si parla qui anche delle più vili, ad intelligenza delle quali non giunge altro titolo, come non altro trattare, che il proprio di «puttana». In queste particolarmente si desidera che non sia strapazzata un'arte quale s'inventò per sollievo dell'umanità, con cui ancora si serve al compiacimento dei più grandi.

Sarebbe superfluo il formarne lunghi encomi, fondati sull'autorità degli antichi o sulle ragioni che ne permettono l'uso nelle città meglio amministrate e più cattoliche. Mi occorrerebbe ripetere ciò che in altri libri è scritto, in particolare nella *Piazza universale,* dove può informarsi del merito di questa professione chiunque è curioso di penetrarne i veri fondamenti. Si prescrivono dunque dogmi per esercizi molto più perniciosi all'uomo, quale è la guerra e la costruzione di tutti gli strumenti militari, che si adoperano solo per rovina e per un orribile macello di carne umana; è stato scritto da molti senza nota di biasimo sopra l'orgogliosa ostinazione dei duelli, non consentiti da alcuna legge e pregiudiziali singolarmente all'umanità; sarà poi giudicato disdicevole istruire femmine semplici e malaccorte alla perfezione in un mestiere utile, anzi necessario per l'umana specie?

La tessitura di questo libro porta nome di retorica per essere conforme alle regole che sono indicate nella *Retorica* di Cipriano Suario gesuita, la quale è ritenuta la migliore, e quindi la più accettata nelle pubbliche scuole. In tal modo ho preteso di osservare buon ordine, quale conviene nel prescrivere dogmi di scienza così importante; avranno a ciò riguardo gli intendenti, potranno gli altri assicurarsi che sotto qualunque titolo sono delineate le maggiori finezze e gli artifici più ricercati con i quali sono animate dalle cortigiane le alchimie delle loro finzioni.

Non ti scandalizzare, o lettore, poiché ho per fine l'insegnare non tanto alle donne il vero modo di essere buone puttane, quanto a te la necessità di fuggirle quando, con artificiosa tessitura, compongono solamente ai tuoi danni lacci e reti d'insidie e d'inganni; non studiano ad altro che ad ammassare simulazioni e nuove forme di argomenti per convincerci ed obbligarci ai loro capricci. Ti metto in guardia sulle loro frodi e sugli agguati con i quali esse architettano le tue cadute per farti loro preda; credo che non più stolto dei pesci o più semplice degli uccelli saprai scansarne il pericolo, come fuggono quegli animali le persecuzioni dei cacciatori, quando ne avvertono le ordite trame. Se sinistramente interpretando questa scrittura crederanno i lettori che ad altro oggetto abbia avuta la mira chi scherzò su questi fogli, condanneranno ingiustamente con infondati sospetti una retta intenzione. Leggi dunque per aborrire, non per lodare ciò che merita rimproveri; ti venga a nausea questa professione, che appare tanto più degna di biasimo quanto più è descritta piena di menzogne.

T'avviso per ultimo che quanto più ti addentrerai in questa lettura, tanto più ti risulterà curiosa e dilettevole. Non ti smarrire se forse nelle prime lezioni ti occorrerà avere poco buon gusto: ben sai che nei principi di qualunque dottrina è d'uso utilizzare termini scabrosi, e solo in seguito gli insegnamenti divengono piacevoli. La composizione, regolata al metodo conforme al titolo, ha reso necessaria questa scabrosità; la scelta poi di tale metodo fu per inutile vanità dell'autore, ambizioso di non dare giudizio su un opera di poco spessore. Anche nelle sciocchezze è desiderio di chi scrive di non avere alcuna approvazione da chi ascolta, e nella invenzione e nello stile. Vivi felice, e condona la mancanza di queste leggerezze e l'immoralità di secoli nei quali bisogna scrivere male per fare che siano ricevute e gradite le più virtuose fatiche degli ingegni.

INTRODUZIONE DELL'OPERA

Viveva in città riguardevole una bellissima giovane, obbligata dalla povertà dei genitori a prolungato isolamento e comunque le veniva impedito di uscire di casa dalla scarsezza delle vesti e di altri ornamenti opportuni alla sua condizione. Aveva il padre di lei più di nobiltà che di ricchezze, e, in riscontro di numerosa prole, godeva pochissime rendite. Ciascuno di quella famiglia era avvezzo a sbadigliare più per fame che per sonno, e bene era farsi sovente il segno della croce, affinché non entrasse nel loro corpo il diavolo, come in una casa abitualmente vuota. Le rivoluzioni accennate dai filosofi in occasione di vacuo, contro di cui si sconvolgerebbe la natura con la inversione del tutto, era provata frequentemente da quei miserabili, che nel ventre vuoto sentivano gli effetti di tale stravagante bisbiglio e di straordinaria confusione. I maschi studiavano con diversi modi di rimediare all'inconveniente; ma la nominata fanciulla, che era unica in ragione di prole femminile, per lo più non aveva con che nutrirsi, molto meno con che abbigliarsi. Desiderava di saziare l'appetito meglio che di piacere agli uomini, né si curava di comparire lasciva e bizzarra, quando era quasi sempre affamata. A questi patimenti si aggiungeva la mortificazione dello stare continuamente racchiusa, privata di quei passatempi che nel vagare qua e là, o in dilettevoli conversazioni, le donzelle ancora possono onestamente godersi.

Un giorno principalmente, in cui ricorreva pubblica festa solita celebrarsi nella città, restò sola in casa, non senza molto rammarico, obbligata a riflettere circa il suo miserabile stato. Affacciatasi ad una finestra, che aveva la protezione di una serrata affinché non fosse assalita dagli sguardi altrui, accrebbe il suo cordoglio mentre scorgeva anche le più vili donnicciole incamminate a piaceri per i quali sortivano tutte liete le sue soddisfazioni. Avvertiva al confronto le proprie sciagure molto maggiori per essere più nobile la sua origine, e quindi malediceva quelle prerogative di stima che allora le riuscivano di pregiudizio. Mentre si tormentava dolorosamente per simile considerazione, picchiò alla porta della sua casa una vecchia mendica che chiedeva elemosina. Stimò la giovine essere quella una buona occasione di ristorarsi un poco con le ciance, o vogliamo dire chiacchiere, che sono il quinto elemento con cui si mantiene la femmina. L'introdusse, dunque, e con un tozzo di pane, avanzato non già alla sazietà della fame ma a una mesta nausea, pagò l'intrattenimento dei suoi discorsi.

In questi s'insinuò volentieri la vecchia, consolando con affettuose dimostrazioni l'infelicità della fanciulla, costretta a vivere isolata e privata d'ogni consolazione del mondo, quando nel fiore degli anni doveva in campo aperto gustare le dolcezze che instilla l'amore, e diluviano dal cielo per diletto della gioventù. Tanto maggiormente affezionatasi a lei, l'altra, nello scorgerla dalla sua parte e interessata delle proprie passioni, diede sfogo a sentimenti dolorosi dell'animo, che, con molto affanno l'angustiavano.

Dichiarò la sua disperazione poiché temeva il protrarsi di quel misero stato, perché non aveva dote per essere maritata, né aveva genio al monacarsi, e anche avendo tale inclinazione non aveva di che soddisfare l'avarizia riscontrabile ora nei personaggi ecclesiastici e dentro i chiostri. Diceva che nell'avanzare dell'età si avvantaggiava anche nella cognizione del mondo, e si affliggeva per la inabilità al goderlo; il prurito della cupidigia già le additava quali fossero i piaceri terreni che portavano sembianze di delizie di paradiso: era bensì tanto maggiore l'affanno nella impossibilità di gustare ciò che necessariamente doveva appetire. Concludeva insomma di darsi volontaria morte piuttosto che una perpetua prigionia quale era la sua, senza permissione d'uscire fuori da quelle mura, che costituivano un sepolcro non meno per la sua vita che per le sue contentezze. Seguirono alle parole le lacrime, di modo che era maggiormente commiserata dalla mendica, la quale propose la forma di una deliziosa libertà per sciogliere il nodo di tanti suoi travagli.

Con bellissimi modi mascherati con decoro, la persuase a intraprendere il mestiere di puttana, non essendoci altro espediente con cui potesse partecipare ai piaceri del mondo. Intese la giovane, già nella scuola del bisogno addottrinata per conoscere questo quasi l'unico rimedio alle sue disgrazie; non le dispiacque il partito, anzi, tanto le riuscì gradito che l'altra, nel riconoscerla capace di questi sensi, rinforzò le sue persuasioni. Esagerò la felicità di questo esercizio, in modo che vivono le puttane con lusso maggiore che le dame più grandi: «Abbondano per esse i più apprezzabili diletti nelle bevande e nei cibi e in qualunque comodità con le quali si allietano le condizioni mortali del vivere umano; affluisce copioso nelle loro case l'oro, e, quasi come nei templi, ciascuno offre particolari doni che procurano ad ognuna inestimabili ricchezze. La qualità d'un libero stato, e la prospettiva dei piaceri mondani, rendono così desiderabile questa professione che ogni donna dovrebbe stabilire in quella almeno le prime mosse delle sue fortune. La gioventù per certo dovrebbe consumarsi in un abisso di tale prosperità, quali apportano moltiplicati idolatri e amanti, onde si aggiunge al gusto anche l'utilità prescritta che ha per meta l'interesse. Si dissipi con un solo marito una bellezza sfiorita, la quale, decadendo davanti ad una vaga primavera per avanzarsi a meno grata stagione, perde la molteplicità dei seguaci. Se a paragone delle stagioni del mondo dobbiamo regolare quelle della nostra vita, goda pure la femmina in gioventù l'età dell'oro, con la libertà che in essa è costume, variando a capriccio amanti, né obbligandosi a legame alcuno per assecondare il suo particolare gradimento; non manca tempo d'imitare con pudici costumi la purità dell'argento, e anche di provare i rigori del ferro sotto la verga dell'austero comando di un solo uomo.»

Così diceva la vecchia e con tale efficacia che la fanciulla precipitò dalla sua parte, ricusando il sostegno della reputazione e dell'onestà. Fu sospeso l'ultimo assenso dal figurarsi grande la difficoltà per avere successo in questo mestiere, quando anche ne riuscisse con proficua perfezione. Non avendo notizia di altro mondo che delle piccole stanze di casa sua, né di altri uomini che del padre e dei fratelli, esercitati dai travagli più che avvezzi ai passatempi, stimava impossibile il sortire buon esito in un esercizio nel quale deve la donna essere molto scaltra, e avere un abito di consuetudine intessuto con le più sottili frodi e ingannevoli lusinghe. Propose alla sua nuova maestra questa difficoltà, che la tratteneva dal condiscendere alla sua opinione. Quindi ella prese motivo di così favellare:

«Figliuola, che tale vi chiamo per l'affetto con il quale ha immesso in me questa nuova conoscenza un desiderio insaziabile di aiutarvi a realizzare la vostra felicità, mi offro io di darvi gli insegnamenti necessari, e imbevervi delle forme migliori con le quali diverrete principalmente famosa in quest'arte. Se avrò l'opportunità di parlare con voi in diversi giorni alcune poche ore, vi mostrerò la più vera retorica delle puttane, conformata a quella che si legge nelle scuole, tratta dal naturale dell'animo, il quale, essendo dotato di discorso, vanta insieme quelle proprietà che sono necessarie a renderla efficace. Né stupitevi che sotto apparenze così mendiche io nasconda la virtù di tanta dottrina, impressa in me non meno con buona teoria che con una infallibile pratica: fui puttana anch'io, nella mia gioventù, e con l'esercizio delle più vivaci e bizzarre maniere mi diedi ancora allo studio di belle lettere. Incontrai le perfezioni del mestiere con tanto valore, che fui arruolata tra quelle di maggiore stima, in ricchezze e in un grazioso trattare, se non in una riguardevole beltà. Serve questa memoria a mio maggiore tormento, e questa è la pena dovuta alla poca osservanza delle regole convenevoli: non seppi fermarmi nella retorica, volendo trapassare alla filosofia e fermarmi troppo su principi naturali, a compiacimento della mia natura. M'innamorai di uno scapestrato, con cui prendendomi ingordamente i piaceri desiderati trascorsi allo studiare materie di cielo, per praticare delizie che raffiguravo di paradiso. Mi inoltrai nei libri della degenerazione e della corruzione, e finalmente, sviscerandomi per dargli l'anima, passai agli astratti della metafisica, restando una pura chimera dopo aver dissipate tutte le ricchezze, e indotta per forza alle speculazioni teologiche, nella necessità di andare con la corona in mano a mendicare nelle chiese accettando il pane per amore di Dio. A così miserabile condizione sono giunta perché non seppi fermarmi sulla retorica, vale a dire sugli artifici; e state certa che chi si avvantaggia si perde. Io che passeggiavo altera, con superbe vesti, in un palazzo munito di preziosi addobbi contro gli assalti del disprezzo, attribuisco a eccezionale fortuna questi abiti, reliquie d'una miserabile povertà, e l'alloggio dentro un ospizio. L'esperienza, dunque, dei miei errori autenticherà maggiormente la verità dei miei insegnamenti, e mentre avrete i dogmi per correggerli opportunamente, avrete anche certo la possibilità di evitare lo scoglio in cui s'è infranta la mia grandezza. Fate tesoro della retorica che da me vi sarà spiegata, e guardandovi dal dimenticarla fonderete l'esito d'una smisurata felicità. Osservo in voi buona disposizione a questa scienza, di modo che intraprendo tanto più volentieri l'impiego di addottrinarvi.»

Con grandissima sua soddisfazione la giovane accettò queste promesse, e già, pareva che molto bene avesse alla mano la grammatica, necessaria introduzione a questa retorica, offrendosi al far ottimamente le concordanze, al congiungere il nome con il verbo, e al variare i casi e le declinazioni conforme il tema proposto. Fu di suo gradimento insomma di assoggettarsi alla disciplina dell'altra, tanto che assegnò i giorni nei quali era solita di godere simile comodità, non avendo alcun disturbo in casa. In conformità dell'appuntamento venne più volte la maestra, e restrinse la sua retorica nelle seguenti lezioni.

LEZIONE PRIMA

Altro non è la retorica delle puttane che un'arte di moltiplicare artificiose parole e mendicanti pretesti, con fine di persuadere e muovere gli animi di quegli infelici che incappando nelle loro reti assistono alle sue vittorie. Quindi deve praticarsi con molta efficacia, affinché non intacchi la dignità del suo potere fatto autorevole sopra la più nobile parte dell'uomo, che con la superiorità della femmina porta gloriosa prerogativa per non cedere nemmeno all'oratoria delle sue finzioni. Eppure sono comuni gli spettacoli di molti, anche tra i più saggi e i più grandi, i quali nel permettere autorevole questa arte lasciano mortificata la ragione, in modo che lusingati da tali femmine non mostrano altra condizione d'umanità se non la tendenza facile agli errori. Ne trasse però sempre singolare lode questa professione, all'impiego della quale si sottomisero gli eroi di maggiore stima, i quali ricusarono il dominio supremo dei numi. Anzi, con i di lei soli dogmi è fatta rigorosa la possanza femminile, che nella quantità dei suoi trionfi fece credere che nella donna fosse divinità, e conseguentemente dote d'onnipotenza.

Quest'arte ha per materia l'interesse, e per oggetto tutto ciò che può cercarsi o pretendersi da una ingorda avarizia. Deve però la puttana mostrarsi insaziabile, perché non hanno meta alcuna le sue questioni, e sempre s'introduca al procurare nuovi acquisti. Prescriva apparente finalità ai suoi desideri nella prima prova che fa con qualcuno, poiché troppe richieste finiscono per intimidire più che per portare l'amante ad assecondare i suoi pensieri. È sempre importuna l'ingordigia della donna con i clienti occasionali che si invischiano nelle insidie da lei tese se di primo tratto vuole pelarli, poiché un'altra volta non potrà coglierli nelle reti, allontanati dal timore di essere scorticati. S'insinui con tranquillità, e con pompe palesi d'ogni affetto fuori che d'interessata avidità li vezzeggi, per obbligarli al ritorno. Con frequenti atti si formano gli abiti, e oltre gli abiti si ottiene ciò che si brama, mentre frequentando l'uomo la conversazione con una puttana stabilisce viepiù l'amoroso capriccio, e sempre vi lascia qualche cosa di suo. Ben vediamo quanto migliori effetti produca una lenta pioggia più di quanto faccia un corso impetuoso d'acque in sembianza di diluvio; non altrimenti riesce più feconda la frequentazione assidua di un amante, di quello sia un grande ma breve acquisto. Quindi le cortigiane di maggiore dignità usano di proporre, quasi motivo di reputazione, benché sia pretesto d'interesse, la risoluzione di non concedersi che a mese, mostrandosi schifate di noleggiarsi per una sola volta; hanno in ciò grande vantaggio, obbligando con tal patto i poco accorti che vi acconsentono al ritornare in casa loro, ove sempre è lasciata qualche penna da questi merlotti: succede loro come ai giocatori, che dopo grossa perdita si riconducono al gioco con intenzione di risarcirla, e invece, perdendo anche il rimanente, si giocano tutto il resto. Così taluno, per prendere il prestabilito usufrutto del capitale esposto sul principio del mese, nello spazio di questo non interrompe per niente la pratica, che continuata porta singolare discapito; avvalora il pericolo di restare maggiormente preso, senza possibilità di disciogliersi quando se ne avrà il pensiero; è certa l'obbligazione d'aggiungervi sempre qualche cosa, poiché rigorosa è la gabella delle donne, laddove, benché di primo acchito nel prendere la mercanzia si paghi buona somma in sua soddisfazione, è d'uso replicare il pagamento ogni qualvolta si ha nuovo transito per le porte d'amore.

Siano dunque le questioni di questa retorica finite, ricercandosi un conveniente prezzo per una fiata, quando si adesca l'uomo nel vedere pagato con non molto dispendio il trattenimento di lungo tempo, né s'avvede che succederanno poi questioni infinite, quando colei non ritroverà mai fine nel chiedere, con pregiudizio dei godimenti per i quali già s'è sborsato il prezzo, qualora non sia compiaciuta; per accontentarla dunque si fa necessario all'uomo di moltiplicare i regali, e nell'eccesso dei gusti assorto per non ricordarsi del primo sborso, crede che sia giusto il dare nuova moneta per piaceri che affrettatamente apprestati sempre appaiono nuovi e non più goduti. Applicandosi la puttana a questa materia, in tal modo disposta, sortirà esito fortunato nei suoi disegni, essendo generoso chi tratta con lei o se a quello accade d'innamorarsi, quando in taluni casi saranno inesauste le miniere delle sue ricchezze, mai non rammentandosi il passato, ma in riguardo del futuro si sentirà in obbligo di soddisfare le sue richieste. Se anche sortirà diverso effetto, si consoli nell'avvertire che non fu infruttuosa l'arte, quando non può seguire perdita, essendo anzi un continuo miglioramento.

Quando si prolunga l'esercizio di questa retorica, è opportuno porre particolare studio affinché non perda la sua efficacia a causa di eccessiva frequentazione, poiché non si prova movimento nell'animo per oggetto addomesticato da una ordinaria consuetudine; è perciò necessario il variare i motivi delle persuasioni e il moltiplicare gli artifici, in modo che si imprima nel senso un pretesto fatto nuovamente sensibile.

Si usi principalmente il diletto, a paragone di cui manca la forza nelle altre catene che sono solite rapire la nostra volontà; si dia la speranza, quando è inopportuno o sproporzionato l'effetto; si imprima talvolta anche il timore, che umiliando l'umano orgoglio ha per proprietà il rendere mansueta la sua fierezza. Non saranno inadatti sentimenti d'onestà, benché sia disonorata la professione, poiché è lusingata da somiglianti concetti la nobiltà di chi, frequentando una puttana, gusta spesso e bene maniere grandi e segni di spirito elevato più che alcun altro godimento. Adeguandosi insomma alla condizione di chi deve restare persuaso si usi forme diverse, atte a soddisfare le sue esigenze e soggiogarlo così ai propri umori. Saranno resi più evidenti questi particolari nella sua frequentazione, bastando adesso l'aver avvisata la donna della necessità di questa retorica, da cui si richiede la diversità di termini e la variazione dei pretesti, benché unica sia la materia di lei, cioè l'interesse, e unico il fine, cioè la persuasione al compiere perfettamente i suoi voti e ad esaudire le sue mire.

Ha però per primo elemento l'invenzione, in cui deve sviscerarsi la mente per ipotizzare cose vere e verosimili, e anche false con contraria apparenza, a seconda quali si reputino più atte a persuadere e ad ottenere ciò che si desidera. All'invenzione si adegua la disposizione, in virtù della quale si osserva ordine di luogo e di tempo conforme all'intenzione dell'arte. Segue l'ornamento delle parole e un estrinseco abbigliamento che, con vezzosa pompa, aggiunge ulteriore forza alle forme nel persuadere. È necessaria la memoria, per non intoppare nelle domande e per non cagionare nausea con la ripetizione dei soliti artifici, come ancora per non confonderli, e così formando la contraddizione d'uno all'altro far apparire la fallacia degli argomenti e la falsità delle frodi. Concorre in ultimo anche il corpo con il gesto, che è l'anima dell'eloquenza, da dove riceve la vita e l'essere questa retorica, rappresentando in questa parte quanto essa vanta di più meraviglioso: promuovere gli affetti. In questo moto hanno regolato, ansi compiuti i giri del cielo d'amore, e si raffigurano l'armonia delle supreme sfere, a tal punto che gli uomini, rapiti in una immaginaria gloria, non possono che assecondare gli impulsi provenienti dalla intelligenza a cui si assoggettano quasi a primo motore, unico principio delle loro contentezze.

LEZIONE SECONDA

Quattro requisiti sono necessari a rendere perfetta questa retorica, quale sopra fu accennata nella sua essenza e nei suoi principi: l'uno di questi è la natura, l'altro l'arte, il terzo l'esercizio e il quarto l'imitazione.

La bellezza, dono naturale, e una innata vivacità, dote fermata nella donna dalla natura, giovano mirabilmente a rinvigorire la forza di persuasione. E ben si vede quanto maggiormente si approfittino le puttane dotate di singolare bellezza o di graziose maniere, benché spesso sia resa vana la fortuna di queste dalla inosservanza dei precetti necessari, come quando, presumendo altamente di sé medesime, credono di essere esentate dall'obbligo di mendicare all'arte motivo di miglioramento. Eppure con questa sola si occultano i mancamenti della natura, e senza di lei, quando anche abbondino, le perfezioni dell'altra riescono totalmente inutili. L'arte dunque è la colonna principale di questo edificio, a cui servono le altre due condizioni, richiedendosi l'esercizio e l'imitazione per meglio rendere adeguate le regole al raggiungimento del fine che si brama. Per esercitarsi dunque elegga la puttana varietà d'amanti, poiché secondo la varietà dei capricci avrà occasione di praticare i dogmi prescritti, che altrimenti con uno solo non possono dare prova del suo essere, come talvolta poco proporzionati per il soggetto o male adottati all'occasione; accetti persone di ogni genere, stando che si applicano a ciascuno distintamente modi particolari, e quindi si conchiude eccellenza nell'universale di questa professione. Non mancano poi originali che imitati ritraggono una vera e perfetta puttana: a questi esemplari deve guardare con particolare attenzione chi aspira di cavare frutto da questo mestiere, e con l'apprendimento dei loro costumi farsi strada all'ultima meta. Si osservi principalmente le più apprezzate, che in cambio di una considerevole fortuna mostrano sufficientemente l'eccellenza delle frodi praticate, dovendo supporsi straordinarie dove sono straordinari gli acquisti; si vedrà in questi specchi un riflesso d'adombrate apparenze, in modo che una bellezza artificiosa, con vezzi simulati, con lusinghevoli inganni, hanno perfezionato l'embrione di quella felicità che nel principio aveva dimora in un povero e miserabile stato. *Il fas* e il *nefas* sono i due poli intorno ai quali si aggirò la ruota della loro fortuna, che altrimenti o molto in ritardo si muove o movendosi impetuosamente precipita.

Il proporsi per scopo l'altrui compiacimento è un sottoporsi ad inevitabile decreto di soddisfare qualunque appetito lascivo, poiché spende chi vuol comperare tutte le sue soddisfazioni, e chi si vende fa che si venda a gusto e discrezione del compratore: l'avere similmente per oggetto il guadagno dimostra la necessità di piegarsi in tutte le forme e aggiustarsi in tutti quei gradi onde può trarsi riguardevole avanzo. Considerate che egualmente la prostituta non deve soggiacere a scrupoli di coscienza, né ad altri vani rispetti del mondo: conviene conseguentemente che ella si arrenda ai desideri anche meno leciti degli amanti, e non rifiuti gli amplessi con persone vili, che portano poco decoro, bastando che arrechino molta utilità. Avendo riguardo di perfezionarvi con l'imitazione, prendete ad esempio le cortigiane di maggior fama, e bene spiando i loro segreti trattamenti scorgerete in qual modo, dedite all'avarizia, non ebbero a schifo i baci di manovali, di preti e frati, ove concorda la falsa opinione del volgo nel reputarli infamanti. Quelle che di giorno si trattengono con altezzosa superbia nel dare passatempi a grandi cavalieri, di notte si disperdono tra le braccia di persone molto inferiori, ma profittevoli maggiormente all'interesse; deve la puttana comportarsi come il mare, accogliendo in grembo non solo le acque di fiumi regi, ma anche le altre che portano meno degni tributi. Quell'imperatore che pose il dazio sopra l'orina, a chi lo riprese per la viltà di questo acquisto, mostrò col fiutare una moneta cavata da tale imposizione poiché il denaro toglie la bassezza ad ogni pretesto con il suo prezioso valore. Pur che questo si rimborsi, la cortigiana non si curi se puzzi d'olio, di vino, di brodo o di altro odore, contrassegno di vile condizione in chi lo porta per pagamento di gusti momentanei, laddove presto ci si allontani dal fetore di quella viltà restando l'utile della moneta. È bensì imitabile anche la cautela con cui procedono nel lasciarsi andare totalmente, poiché familiarizzano le loro dolcezze senza che se ne avvedano i parenti e quindi le disprezzino in tal modo avvilite. Nell'assegnare distintamente i precetti di questa retorica si avranno le regole di perfetta imitazione, poiché le più eccellenti nella pratica fanno un riassunto della teoria quale è mostrata nei miei documenti. Gioverà a primo aspetto il pensiero d'imitare le migliori, per muovervi all'osservanza degli insegnamenti proposti, rappresentandovisi la felicità che si gode nel loro corretto adempimento.

LEZIONE TERZA

Nei precedenti discorsi ho dato un assaggio di quella retorica di cui penso impregnarvi, o figliuola, soffermandomi su questioni generali, per cui adesso distintamente si dovranno esaminare i particolari della professione e a parte fare un'analisi approfondita di questi molteplici elementi, che si costituiscono in un insieme unitario. Fingetevi la massa informe dell'orsa, a cui ora, dandosi con la parola distinzione di membra, si aggiunge anche perfetta forma. Rammentatevi che cinque dissi essere le parti, quasi porte, per le quali si entra in un teatro così illustre, ove può la prostituta rappresentare le sue gloriose imprese.

L'invenzione fu posta la prima, poiché si ha attraverso di lei un approccio favorevole a questa retorica, con pronostico di migliori progressi e di un ottimo fine: consiste in obbligare i pensieri, gli affetti di chi si persuade, in conformità dei propri desideri. Alla invenzione si mendicano i motivi per accreditare false frodi, simulare inganni e finti amori; è suo ufficio il ritrovare pretesti valevoli per smuovere l'animo e argomenti efficaci per convincere il giudizio e violentare la volontà. Vi indichi questa prospettiva quanto sia necessaria nella cortigiana questa parte di retorica, che è l'essenza del suo negozio e l'unico fondamento dei suoi acquisti. Sia dunque vivace la donna, onde a prima vista sappia, come suole dirsi, squadrare di qual taglia sia chi con lei si intrattiene, per inventare modi più adeguati a smuoverlo. Riescono perfettamente gli artifici che sono congeniali all'indole di quello con cui si usano, osservando in confronto di ciò quanto sono diverse le reti e diverse le forme con le quali si prendono gli uccelli da quelle con le quali si fa preda dei pesci. Non diversamente devono tendersi le insidie contro gli uomini: con la generosità si dia impulso ai clienti temporanei, che divengono tanto più prodighi quanto meno si dimostra avara la donna; con i piaceri, o con la speranza quando abbiano ancora il loro corso i desideri, si farà forza a chi spende malvolentieri, e con questi tali nell'atto dei godimenti si dovranno fare le richieste. La lusinga dei sensi supera l'avarizia, poiché quando eccede nelle soddisfazioni dell'appetito leva almeno l'amarezza della spesa, che venendo meno la presenza del piacere assai maggiormente affligge. Prima della malinconia seguace del coito sia stabilita l'approvazione delle richieste, onde non sarà che bene l'avere appuntata l'ora per mettere a tacere chi finga d'avanzare denari, o chi voglia vendere merce necessaria per il suo uso; in tal modo scendano le monete di borsa prima che scendendo quegli giù dal letto decada dalla buona volontà di pagare. Sono leciti, anzi necessari, simili condizioni con certi che in linguaggio puttanesco sono chiamati tangari *(maleducati)*; sconvenienti d'altro canto con chi mostra generosità ed è pronto a sborsare il denaro, benché non sia seduto allo sgabello *(bancario)*, né la penna si adoperi nel fare la cedola di cambio per la riscossione. Con quei merlotti che si invischiano innamorandosi ogni invenzione è buona, poiché non saprà negare oro chi ha dato il cuore, né si rifiuterà di dare ogni più completa soddisfazione a quella che è l'anima sua. Gioverà principalmente il travaglio della gelosia o il timore, accennando la rapida privazione delle delizie che con lei egli gode: si finga nella necessità di accettare altri amanti, ne introduca anche qualcuno al suo cospetto, o finga l'intenzione di maritarsi, che con eccezionale profitto lo vedrà spolpato, anzi sviscerato, quel misero, per soddisfare le sue brame. Così suoni la puttana per chi è già fermo a danzare al suo suono, e sarà certa di farlo ballare a suo piacimento. Quando altrimenti il suo suono è suono d'invito, siano tutte lusinghevoli le sue arti, tutte soavi le sue maniere, di modo che resti persuaso a ripetere la danza chi la gode; sul finire però di ciascun ballo si faccia che egli ponga mano alla borsa, altrimenti al ritorno dovrà essere chiusa la porta. Inventi insomma le forme più adatte e convenienti per dare piacere e incontrare il gradimento altrui, che è la chiave atta ad aprire l'adito alle soddisfazioni dell'interesse. Ma poiché l'affetto dell'uomo, tenace nel possesso delle ricchezze, difficilmente si muove al dissiparle, bisogna nell'invenzione studiare varietà d'argomenti, affinché riesca efficace la moltitudine di quelli nel persuadere e conseguentemente sia autorevole la persuasiva per il guadagno; sarà più facile ottenere risultati migliori quando la donna farà uso con padronanza di luoghi comuni, dai quali può trarre motivi e ornamenti della sua eloquenza, e questi sono quei medesimi, per appunto, che si insegnano nella retorica dettata entro le scuole. Argomenti dunque la puttana sopra l'essenza del proprio mestiere, che è un'arte di moltiplicare gli acquisti, il che si deve praticare coi principianti, bastando il persuadere questi allo sperpero con la certezza del suo stato. Ben si sa che alla sola tramontana dell'acquisto si muovono queste navi, che nel mare delle lascivie si noleggiano per incaricarsi delle merci degli umani appetiti. In virtù di questo argomento è sicuro il guadagno, più o meno, regolandosi alla qualità della persona. Da una enumerazione di tutti i particolari amabili in un uomo, ricavi pure conclusione onde si certifichi l'amante, che non la bellezza, non la nobiltà o altra riguardevole condizione, ma l'interesse è l'unico indirizzo ai godimenti; quindi sarà abbastanza persuaso chi ama al depositare la paga convenuta, come il solo cambio richiesto per la presenza che ella fa di sé medesima. Si faccia uso della etimologia dei nomi adducendo il vocabolo di «donna», che chiama «doni», o di «dama», accomunato anche alle meretrici, il quale pare in atto di dire «dammi». Osservazioni tali ricorderanno all'uomo l'obbligazione di spendere, in modo che sarà spinto a favore d'interessate richieste prima che siano proposte.

Opereranno allo stesso modo altri tali argomenti, che consistono in semplici superficiali discorsi, non però molto praticabili come di poco conto; dovranno usarsi quasi scherzosamente con taluno, che dimostrandosi inesperto nel mestiere apparisse quasi stolido per non conoscere il proprio debito: così, vezzosamente, gli additerà questi con la denominazione, con l'etimologia e con la definizione della puttana, affinché più efficacemente lo muovano le ragioni che spingeranno al rinforzare la spesa. Saranno di maggiore forza le similitudini, raccontando della liberalità di altri amanti, i quali però eccezionalmente si avvantaggiavano nei godimenti, e dalle cortigiane vengono straordinariamente favoriti. Descrivendo la grandezza delle migliori dovrà persuadere l'amante ad essere prodigo finché ella pareggi la fortuna di quelle; al contrario di altre miserabili o avari sprezzanti si accennerà impassibile al punto medesimo della sua persuasiva; se dichiarasse in conseguenza quanto gli ripugni l'andare a puttane e fosse ristretto nello spendere, l'argomentare circa questa ripugnanza sarà un obbligare l'amante a pagare, in quanto non potrà soddisfarsi d'amore. Sopra ogni ragionamento serve quello che si ricava dalle cause, occultando il vero fine dell'interesse e dando a credere che da solo affetto procedano le carezze, gli abbracciamenti e i baci, dove adescato dal credito d'una pura affezione chi ama si incatena maggiormente con i lacci di una necessaria corrispondenza. Potrà aggiungersi il paragone quando è massima la molteplicità degli amanti, persuadendo ciascuno di essi che al pari degli altri egli solo è il diletto e il caro, in modo che con folle credenza ciascuno distintamente molto più s'invischi in amore. Ponga a paragone anche la loro magnanimità, finché, risentendosi l'un dell'altro, in ciascuno diverrà puntiglio d'onore e di reputazione l'obbligo di spendere, o quantomeno d'avvantaggiarsi con regali per meritare maggior amore. Quindi, usando bene spesso questo argomento, converrà far pompa ora di una cosa ora dell'altra, dicendo:

«Questa è dono di quello, ciò mi diede l'altro». E qui, argomentando dal meno al più, si persuaderà a maggiore spesa o il più ricco o il più favorito, che arrossirà nell'apparire inferiore mentre se ne va superbo nei pensieri di superare ogni altro amante. Non riusciranno male a proposito altri argomenti esteriori, tratti principalmente da vari pregiudizi, che seguono in mancanza di denaro. Dovrà incaricarsi la reputazione di chi ama, in modo che ne tema notevole discapito quando non si è provvisti di abiti pomposi e di vaghi ornamenti, quali si richiedono al far comparire fastosa una donna. Fingendo talvolta necessità di esigere cose di valore depositate in pegno per il pericolo di perderle, con la proposta di simile pregiudizio l'amante si muoverà a sborsare quella moneta; con altri somiglianti artifici, introducendo sempre nuove pretese d'immaginari o veri creditori, si prosciugheranno le borse, senza che avida si dimostri la donna di rimborsarne la sostanza. Nella somma degli argomenti finalmente conformi alle regole di Cipriano, anche in senso metaforico, procurandone impressioni e incontrandone le soddisfazioni con ogni migliore vantaggio. Si sconvolge in tal atto il concilio delle passioni, e ribellandosi i pensieri a qualunque motivo, porgono unicamente i suoi voti a chi arreca dolcezza e diletto.

LEZIONE QUARTA

Con moderatezza è opportuno praticare gli argomenti sopra accennati, affinché non cagioni nausea un troppo ricercato artificio e metta a confusione più che a muovere gli affetti.

Ancorché nell'amplificare sia lecito l'ammassare ragioni fondate sopra uno stesso principio, deve però osservarsi tale regola: che non renda noiosa invece che efficace la persuasione. Non si ripeta che di rado le stesse richieste, quando si è certi che siano state udite benché non esaudite. Consideri la puttana che la sua professione è di persuadere dolcemente, non di forzare quasi con violenza: l'impiego di questa deve da lei fuggirsi come improprio. Si lasci libero lo spendere, come deve esser libero l'amare: si crede disegno di scorticare in colei che pertinacemente attende solo a pelare chi le si accosta. Si insinui a bell'agio, e nelle simulazioni proceda così cauta che non possa ritenersi avara e perciò infingarda. Deve fare traboccare abilmente l'amante a seconda dei suoi voleri, in modo che non accompagni con precipitosa caduta il compiacimento dei suoi desideri. L'amplificazione sia sempre per accrescere i concetti del suo amore con manifestazioni più palesi, che bastino a scoprirlo quale si vuole che altri lo creda: esageri i buoni effetti di questa affezione, onde, posti non in declino i suoi maggiori vantaggi, si compiaccia di fare uso con un solo amante delle sue bellezze e dedicare gli anni più floridi all'incremento della sua grazia; esclami contro la pratica di quel mestiere infame, assai lontano dalla qualità della nascita, e incolpandone, amore persuada che gli sforzi di questo la ritirino da un vivere onesto; amplifichi sovente le condizioni riguardevoli dei personaggi che precedentemente la godettero, e celebrando la loro splendidezza e i buoni trattamenti usati con lei proponga metodo per quelli che adesso desidera.

Qui insomma ha la cortigiana ampio spazio per mettere in pratica tutte le stravaganze inventate e le più artificiose rappresentazioni, spingendo fin dove più le aggrada i suoi discorsi: il fine deve esser l'accreditarsi come dama di gran reputazione ed eccezionalmente affettuosa, in modo che movendosi l'uomo ad apprezzarla come tale, al pari di questo valore faccia conforme la paga. Non fallirà la sua persuasiva quando non si parta dal compenso stabilito con l'umano desiderio, che da diversi motivi si attrae e si rapisce. Quindi replico essere necessaria una particolare capacità di giudizio per penetrare la varietà degli umori, e nello stesso modo in cui mutano le inclinazioni mutare i modi del persuadere; diversamente sortirà esito sfavorevole il fermarsi sempre su questioni generali e usare indistintamente con tutti le medesime esagerazioni. Deve sapere taluno che anche la donna licenziosa nel vivere richiederà termini onesti, non compiacendosi particolarmente di modi troppo audaci, o come dice il volgo sbardellate (*volgari*); si deve però affrontare l'animo di questi con la modestia delle parole e degli atti e con una apparente onestà, sebbene contraria alla sua professione. Altri ipocriti bigotti, che il volgo nomina teatini, i quali vogliono avere merito anche nel peccato, devono essere vincolati dalla puttana con la confessione di avere desiderio di maritarsi, per lasciare una vita così corrotta e inadeguata a chi ha sentimenti umani e nobili; dichiari di ritardare gli effetti di così saggia risoluzione per accumulare una buona dote, con cui gli sia più facile trovare partito non totalmente sprezzabile né di suo pregiudizio. Con tale arte farà aprire la borsa a quel santone, il quale crederà di fare elemosina e cooperare a così buona intenzione: avrà buona scusa l'interesse di lei, e quegli avrà comodo pretesto per continuare la pratica senza o molto scrupolo, poiché soddisferà alla sua coscienza col proporsi un buon fine, quale è il coadiuvare pensiero di matrimonio.

Ecco quanto lontano dal mestiere bisogna allontanarsi per incontrare il gusto di chi si persuade. Sino a palesare pudichi e santi pensieri, quando gli animi con questi si convincano; ne conosca però l'indole poiché sia opportuno il propinare queste stravaganze. Altrimenti gli ordinari motivi della utilità e del diletto sono così diffusi in ogni adescamento dell'uomo che è superfluo dichiararne l'efficacia e inculcarne l'uso. E sebbene paia che alcun utile possa non prefiggersi la puttana, la quale nei propri avanzi procura le altrui perdite, con tutto ciò vi sono forme di dimostrarlo agli amanti: consiste non nel solo vantaggio del denaro, ma in quello stesso dei godimenti, più facilmente, più comodamente, più soavemente e con minor pericolo, e anche con minor spesa, gustati. Anche l'interesse ha la sua attrattiva, quando si fanno allegre concessioni, vezzi singolari, piaceri che esaltano gli eccessi delle delizie terrene, senza che valutati a rigoroso prezzo necessitino ad un grave dispendio. In pareggio dunque d'altre, scemi la puttana il valore delle sue merci, poiché non peggiorate queste di condizione avranno maggiore dispaccio e più copiosi saranno i compratori; venda con reputazione, ma quando s'avvede che la mercanzia non ha corso abbassi le pretese, e giacché necessario è lo spendere vedrà correre ciascuno alla minore spesa: in tal modo anche con proposta utilità può persuadersi a favore dell'interesse.

Navighi conforme il vento, fuggendo però sempre lo scoglio con l'ostentazione dei suoi artifici, di modo che si riconosca simulata o si cagioni il semplice sospetto delle sue finzioni. Osservi la gravità per non rendersi sprezzabile, e la varietà per riuscire maggiormente dilettevole. Con amanti nuovi proceda diversamente da quello in uso con gli altri già fatti familiari: questi può dominarli a suo piacimento, o saprà almeno con quali forme convenga trattarli; quelli, all'incontro, devono essere adescati, affinché di buona voglia si sottomettano al giogo. Distintamente si avranno le regole per ordinare questi artifici nei precetti di una perfetta disposizione.

LEZIONE QUINTA

L'orazione, che altro non è se non l'eloquenza ridotta alla pratica, è composta di quattro parti: cioè d'esordio, narrazione, dimostrazione ed epilogo. Non altrimenti si porta a compimento l'esercizio di questa retorica, convenendo perciò ben regolarsi per propiziare la fortuna, introdursi alla persuasiva, rinforzarla con debiti modi, e finalmente risolvere con buoni patti il partito nell'adempimento del fine preteso.

Sul principio corrispondente all'esordio deve procurarsi il buono affetto, l'applicazione dei pensieri e buona piega della volontà per condiscendere alle persuasioni. Quando però la puttana si affaccia alla finestra per esser ammirata, finga di essere salita sul pulpito per parlare; con fare vezzoso accolga i saluti e corrisponda agli sguardi dei nuovi amanti; mostri d'apprezzare tutti con la riverenza e con l'ossequio, sia benigna e cortese in quelle grazie che nulla costano e possono far guadagnare molto. Presumo ogni più lascivo atto, onde siano attenti gli occhi e molto più fissi i desideri. La bellezza, se non è naturale, sia artificiosamente formata, in modo che si inganni chi la vede, e però non ne rifiuti il legame. Allorché replicandosi dall'amante le occhiate e i segni, benché simulati, di cuore appassionato, sia fatta dalla femmina la sua proposta in maniera equilibrata e che non possa confondersi con l'interesse; sicché se l'amante apparirà avido, e in breve tempo voglia praticare il suo desiderio, senza avvalersi di mezzi termini si venga abilmente alla proposta, o fingendo di chiacchierare con la sua serva e dichiarando in tal modo le pretese, affinché da quello possano essere intese, o con buone maniere non avendo nessun intermediario che tratti questa vendita quando sono pronti i compratori. Insomma avrà ben colpito nella perfezione di un ottimo esordio quando l'amante sarà persuaso del fine dalla di lei eloquenza, poiché fin da quel momento si vedrà l'avversione o l'adesione dell'animo, e quindi si capirà se si deve sperare nel frutto preteso.

Occorre talvolta la necessità di questi esordi o nelle strade, o nelle chiese, o in altri luoghi di pubblico concorso: in simili posti deve ritrovarsi la puttana, con il solo fine di essere desiderata; sia però oltremodo sfarzosa e lasciva nelle vesti, per supplire con questa parte alle altre condizioni che non permettono di praticare per modestia o per riverenza del luogo. Nei luoghi di culto si faccia gioco con gli occhi, che vivaci dovranno ravvolgersi con un brio vezzoso per lusingare chi la osserva; con sottili sguardi si facciano cortesi inviti quando il partito è degno di essere ricevuto; si abbandoni anche ad un mezzo sorriso, però subito soffocato, in modo che sia evidente il reprimere l'impeto in una garbata benevolenza. Se sarà corteggiata sulla strada potrà più liberamente risolvere i suoi simulati artifici per rapire: chiacchierando con la serva risponderà a ciò che le verrà detto, o accennerà a ciò che le compete senza dare a vedere di avere preso troppa confidenza. Così in occasioni più licenziose potrà invogliare chi la riguarda con l'impiego di tutte le forme più efficaci per obbligare gli affetti, scherzando e trastullandosi gioiosamente con chi le sarà compagno già addomesticato in amichevole conversazione.

Incorrere all'inizio in molti errori significa compromettere l'esito positivo del fine: avverta la puttana che qui si fonda la stabilità della sua fortuna. Apparisca provvista di maniere non totalmente dissolute ma gravi, non però superbe, poiché è necessaria una modesta umiltà per convincere gli altrui voleri, e deve essere trattabile quella maestà che ricerca amore senza disprezzo. Se non è bella prometta con grazia straordinarie lusinghe e trattamenti eccezionalmente affettuosi, piaceri particolarmente gradevoli, affinché supplisca l'attrattiva di queste condizioni alla mancanza del bello;

è necessario dimostrare un brio vivace come segno di allettanti smancerie e di stravaganti dolcezze, se si dubita che lo spettatore sia preso da altra bellezza o appassionato per un altra donna; con la speranza di vantaggiose delizie facilmente darà ascolto alle sue persuasioni, proclamando costumi e sentimenti diversi da ogni altra puttana si ingannerà l'incauto con la speranza di ritrovare conforto e ristorarsi con più fortunati amori.

Non bisogna usare la stessa forma con tutti, essendo un difetto che si nota in un esordio l'essere comune o volgare, al contrario ci si deve porre secondo l'occasione, il tempo e la persona. Sia così particolare che dia a vedere trattamenti propri, non accostumati alle altre, affinché sia conquistato l'uomo dalla novità e dal supporre gusti non provati in altra donna. Diversamente ci si renda affabile con un uomo importante e un plebeo, sebbene questo forse per vantaggiose ricchezze sia più desiderabile: l'umiliarsi con quello accresce la reputazione, con questo è viltà troppo ostentatamente interessata; il decoro con il primo la rappresenta ammirabile, là dove appresso all'altro la renderebbe negletta. Non manchino però gli allettamenti delle smancerie per acquistare benevolenza, e per non dare l'impressione di scarsa serietà sarà bene avere un cane con cui scherzare o una serva, con cui comportandosi con familiarità potrà mostrare in eccesso graziose e amabili maniere, quando siano intime nella conversazione: innamorano grandemente scherzosi impieghi o vezzose carezze, che distribuite ad un animale o ad una persona vile promettono all'uomo un gradito accoglimento, allorché sarà introdotto alla di lei presenza. Non però siano tali gli scherzi che interpretandosi malamente possano essere creduti spregi, onde parta l'altro costretto piuttosto all'odio che all'amore.

Fuggasi nell'esordio la lunghezza come vizio notabile, che fa perdere l'efficacia della persuasione e annoia chi si scorge di soverchio trascinato e quasi tirannicamente costretto ad intollerabili sforzi, per acquisto dei quali si fa strada sufficiente con l'oro. Si difenda la reputazione di bottega, non si trascuri però l'occasione del dispaccio, né l'opportunità del guadagno. Con i forestieri massima è necessaria questa brevità, potendo si ritengono pronti alla spesa senza lunga persuasione, ed essendo in procinto di perdersi quando non si fermino di primo sbalzo. Somigliante termine si osservi con certi cicisbei, che ben si riconoscono dall'odore, i quali sono innamorati quando hanno pochi denari, la pesantezza dei quali come straordinaria nelle loro borse pare che li molesti; non comportano questi lunghe dimore, poiché sono sollecitati al deporre doppio peso, e sono quasi uccelli saltanti di frasca in frasca, bisogna però adescarli e invischiarli per levare loro le penne. Con gli abitanti della stessa città può tenersi altro stile, e con vari pretesti prolungandosi si rende più ardenti i loro desideri, e quando non sono molto lontani dalle reti sarà facile farceli cadere dentro, allorché si verrà al punto della persuasiva. Si ipotizzi quindi il modo nel quale devono trattarsi i vicini, ai quali essendo prossime le insidie sono sempre presenti anche i pericoli di restare sorpresi, e però tiranneggiando a lungo i loro desideri si otterrà che apprezzino maggiormente quel bene che a lungo bramò l'appetito.

Quando si accontenti la puttana di un prezzo ordinario, né si curi di cavare altra moneta che quella offerta da ogni galantuomo, sono superflui gli esordi, e quando nulla di più si pretenda o possa sperarsi è vana anche l'eloquenza. Così parimenti non sono necessari questi strumenti per una onesta domanda, o per piccola pretensione, o quando con assiduo amante si usano frequenti le richieste. Conforme la premura che avrà la donna del proprio tornaconto, deve praticare questa parte, senza mostrare sul principio l'ingordigia dell'interesse: dia ad intendere che cosa vuole ma non si dimostri avida, in modo che altri giudichi facile il trascinarla con catene preziose. Concili insomma amore e attenzione, fuggendo l'urtare negli scogli di quei difetti che possono rendere scadente questo inizio; si guardi anche dall'assecondare l'impetuoso vento dell'avarizia, dove resosi impossibile arrivare in porto resterà assorta nell'alto mare di insaziabili desideri, provando quanto danno procurino bislacche pretese. Si avvantaggi con buona fama, onde appaia donna che si sostiene con decoro, né sì facilmente fa spreco di sé ad ogni occasionale tempesta che insorga; benché la molestino talvolta i flutti del bisogno si trattenga ristretta tra le proprie miserie, né sia così pronta ad avvilirsi. Sia consapevole che l'umana volontà non gode ciò che senza contrasto le si offre; quando allo stimolo degli impedimenti o dei divieti non si aguzza l'appetito sono poco possenti i suoi impulsi. Si suppone che la donna sia provveduta di un qualche appoggio per non languire famelica, poiché altrimenti la povertà estrema non conosce alcun vincolo di legge né segue gli insegnamenti. Usi termini civili ma non amorosi con chiunque la corteggia, la saluta, o vezzosamente le si offre. Così concedendo a taluno l'introduzione in casa, si riceva sulle prime non più che come forestiero, ma con accoglienza adeguata a favorire ciò che si vuole ottenere. Si eviti di trasportarlo ai godimenti se già non obbligano a ciò patti antecedenti, ovvero il prezzo di notabile considerazione: sia il letto l'ultimo termine, onde la lontananza ne ritardi l'arrivo colà per stabilirvi il riposo; prima di concedere questo si lasci che anelino a lungo i desideri. Quando anche è familiarizzata la conversazione non si privi la donna di un sostenuto contegno, buono a dimostrarne la reputazione; si tolgono con ciò nell'uomo i fondamenti del disprezzo, e quello si ottiene usando maniere autorevoli, perché queste risultano seducenti, onde la donna si abilita alla pratica con qualsivoglia cavaliere di più sublime grado.

LEZIONE SESTA

Quando con un buon inizio avrà la puttana fatto procedere un ottimo apparato, dovrà introdurre l'amante, reso già benevolo e attento nella cognizione più distinta del proprio fine e interesse.

Con la narrazione, che altro non è che un modo di non tenere in considerazione e manifestare i suoi sensi nel punto della persuasiva, dovrà formare la seconda parte di questa sua retorica. Sia chiaro, in modo che si renda certa l'intelligenza e sia definitiva l'indicazione delle sue pretese; si usino parole ordinarie, né con molto artificio esponga il suo stato e faccia sfoggio della sua condizione, a seconda di ciò che creda opportuno per persuadere meglio, osservata la qualità del personaggio con cui tratta. Usi sempre l'ornamento di vezzi e lusinghe per dilettare, convenendo che il discorso sia schietto e puro a fine di mantenersi sui rigori delle pretese; non deve però permettersi che riesca ruvido, né per altra parte la chiarezza atta al far apparire l'interesse deve essere così nuda che offenda al primo incontro chi pende dalle sue parole. Formi un distinto racconto delle sue trascorse fortune, nel modo che le sembrerà più proporzionato a sollecitare l'affetto, all'avvantaggiarsi di reputazione o ad intenerire gli animi, laddove creda più adeguate le amorose impressioni. Finga di ritrovarsi in tal posto o per disgrazia, che la fece orfana negli anni più teneri, sicché privata d'appoggio fu obbligata alle cadute; oppure riferisca di violenze subite da qualche personaggio riguardevole, adducendo a quello la causa della sua malasorte. Si descriva poi tradita da chi ella più sinceramente amò; narri non meno gli eccessi d'amore conservati con fedeltà per qualcuno, e la grandezza delle delusioni avute in cambio da questo traditore. Quando sia ben provveduta di bellezza e di amabili maniere faccia una dichiarazione di compassionevole povertà, senza dimostrare affezione d'interesse; essendo altrimenti poco abbondante di doni di natura, faccia pomposa mostra di ricchezze, benché non sue, e con suprema maestà sostentata da preziosi fregi sollevi altamente il suo decoro. Tutto ciò che ella dice goda l'apparenza di verosimile, onde sfrontatamente non siano esecrabili le bugie; si aggiunga una superficiale religiosità e modestia, per non avvilirsi nei pensieri come è vile nella professione. Quando non si è a conoscenza dell'indole di colui con cui si pratica, non è che buona scelta il rendersi gradevole col lustro della virtù, con cui si concilia la riverenza di chiunque ha sensi umani, molto maggiormente avendo concetti nobili. Si valga insomma di questa narrazione di modo che quel tale con cui si favella intenda, conservi nella memoria e raffermi nella stima ciò che si dice.

Renda soave la sua narrativa con tessitura di curiosi accidenti vissuti in prima persona, affinché ne segua l'ammirazione, si abbiano motivi di sperare in deliziose novità, succeda la commozione del cuore e siano sollecitati gli appetiti. Si introducano discorsi, dichiarazioni di felicità, di dolore e di qualunque altro sentimento di cui è solita invaghirsi l'anima di chi ascolta; si introduca però il tutto, quasi in casuali ragionamenti, onde non si creda che il dire di lei sia un recitare che ha appreso con molta fatica per praticare con tutti la medesima lezione. Non replichi il detto altre volte, poiché produrre non può alcun effetto la ripetizione dei medesimi discorsi, che anzi appaiono nella frequenza più di simulazione che di semplicità. Consideri insomma la donna che qui ancora, come nell'esordio, si prepara il terreno affinché l'efficacia dell'eloquenza trionfi sugli altrui voleri: sia evidente questa differenza, che più va in intimità nei discorsi più si avvantaggia a fine di avanzare le prove della sua virtù.

Per favellare più propriamente nel nostro soggetto, può dirsi che le quattro accennate parti dell'orazione raffigurano i quattro stati nei quali muove qualunque puttana le sue fortune con gli amanti. Si rappresenti nell'esordio la primaria introduzione, e quando si intensifica la contrattazione basta attenersi ai dogmi prescritti in obbligo per acquisire benevolenza e conciliare amore. In tal termine sta la donna, quasi che esposta sul mercato, non si debba preoccupare d'altro che di soddisfare al genio del compratore; si viene allo sborso del prezzo, quando già è fermato l'accordo, e l'uomo si compiace della donna come la donna è contenta del denaro offerto. Eccovi sul momento in cui la trattativa è bene avviata e il cliente entra in casa, passando dai discorsi ai baci e alle carezze, avendo la certezza di essere di suo gradimento. A questo punto si irrigidisca un poco la puttana, non essendo più necessarie le maniere conformi ad amichevoli trattamenti; si soffermi sul punto della causa, e se o i discorsi dell'uomo o la fiducia nel sensale sulla riscossione del pattuito non la rassicurano, gli neghi ogni piacere senza l'anticipato pagamento; se questo sarà già stato frequentato, o la conoscenza di buon pagatore lo renda quasi come riscosso, intrattenga l'amante con modi civili e con termini graziosi, inserendo quei racconti che possono farla credere dama di reputazione. Deve impiegare ogni sforzo per sostenere il decoro, affinché l'amore già concepito cresca con qualche stima, né permetta il giudicare vili o familiari le sue dolcezze. Non si dia troppa confidenza a personaggi autorevoli senza la sicurezza del guadagno, poiché in quella categoria ce ne sono molti invadenti, i quali vogliono posare le radici dove pongono un piede: il dargli adito in casa è un concedergliene assoluto dominio, del quale non è più possibile privarli.

Eseguite le regole di un perfetto esordio e di una semplice ma artificiosa narrativa, quasi in campo d'esercitata malizia è seguito al suono delle trombe l'ordine delle squadre, con i preparativi precedenti è stabilita ogni cosa in procinto d'attaccare la zuffa o di dare la carica con l'efficacia di questa retorica, che nella confermazione principalmente consiste.

Ma per non confondere un esercizio con l'altro dove danno maggiori benefici gli eccezionali sforzi di quest'arte, rimando ad un altro giornata l'istruirvi in questo punto così importante.

LEZIONE SETTIMA

In conclusione si stabilisce con modi particolari la speranza di far stravincere le ragioni e di lasciare trionfante la persuasiva; con essa si rafforzano gli animi in quei sentimenti dei quali furono nelle prima parte imbevuti. Deve però usarsi una accurata diligenza, di modo che resti ben conclusa la trattativa né si faccia fallo in conformità del fine desiderato in ciò che precorse: si dia solido fondamento alle prove e si controbatta alle obiezioni contrarie, affinché chi deve essere persuaso riceva un'impressione favorevole ad assecondare l'interesse. La funzione della trattativa è nel ricercare vantaggioso guadagno, poiché fa parte del mestiere intuire le intenzioni dell'altro. Quando il pensiero di spendere è nell'amante proporzionato alle pretese non sarà molto difficoltoso concludere positivamente la cosa; se anche corre nella contrattazione qualche divario, per aggiustare il volere di quello si devono usare gli sforzi più privilegiati dell'eloquenza.

In conformità della sopra detta proporzione è la donna in questa terza parte dell'orazione, quando chi con lei s'apparta, fatto già attento e capace dalle sue pretese, è ottimamente disposto per l'impressione della sua eloquenza. Passati dunque alla fase conclusiva, quando si va al letto per concludere la felicità dei desideri con i godimenti amorosi, qui devono praticarsi le forme d'argomentare munite di maggior efficacia, fondate sulla forza di una infallibile certezza o di apparenze che la facciano supporre tale. Hanno la priorità per convincere quegli argomenti che vincolano il sentimento, poiché essendo il nostro animo intimamente connesso con gli affetti e soggetto agli eventi esterni, per opera di questo subisce una considerevole impressione. Faccia in modo però la puttana di appagare questa parte, che fatta orgogliosa nelle sue soddisfazioni superbamente si erge sopra la parte superiore della ragione; dia gusto all'occhio con una amabile presenza, pregiata dei più lusinghevoli vezzi che giovano per innamorare; alletti l'orecchio con graziosi discorsi e con amorose proposte, dopo aver dispersi quanto più generosamente i suoi piaceri.

Si accenni alle opinioni comuni e ai sentimenti più universali, dove si è soliti dare merito ad una bellezza aggraziata o determinarsi la qualità dei trattamenti convenevoli per dar compenso ad amorosa gentilezza; si additi pure anche alla consuetudine di tramutarle in legge, affinché sia evidente l'obbligazione al pagamento delle donne che vendono le proprie carni non a prezzo immaginario d'amore, ma per il valore prezioso dell'oro. Quando l'amante, già esperto negli affari del mondo e altrettanto nei suoi termini ragionevole, non contraddica al debito di quest'uso, non riusciranno malagevoli le prove, lo si dovrà condurre col suo medesimo consenso al più di una rigorosa pretesa; per via di un ben intessuto discorso e d'una induzione distinta dei particolari accidenti della sua vita, non meno che degli individui i quali con lei praticarono in questa professione, dichiari gli effetti migliori d'una vezzosa lascivia, che interessata nel guadagno dispensa graziosamente le sue delizie.

Le tesi degli entimemmi *(forma di ragionamento sillogistico)* e le proposizioni degli argomenti siano diversi quanto necessario per accrescere con la varietà il dialogo a due. La conclusione sia sempre la medesima, diretta al fine stesso del guadagno, onde si convinca l'uomo per la spesa conforme al desiderio. Si faccia familiare la persuasiva con esempi molto più efficaci delle parole, o accennando la fortunata condizione di quelle che vantano doti inferiori al suo merito, o amplificando la prodigalità di altri concorrenti e rivali nello stesso amore, per la rappresentazione dei quali dovrà arrossirsi un amante della scarsezza del suo dispendio. Sia breve ma chiara l'argomentazione, poiché a buon intendente basta una interrotta favella, e quando chi deve restare persuaso si finge o sordo o stolido si rifiuti per non gettare la fatica al vento. Si condanni però la indiscretezza dei suoi termini e la scarsa conoscenza delle maniere convenevoli, affinché si commuova dall'orrore dei biasimi se non valsero a convincere le altre forme di persuasione. Quando non possa trarsi l'utile richiesto sarà sempre vantaggioso liberarsene e provveda la donna nel licenziarlo anche con il rifiuto e con il disprezzo: scacciare deve chiunque occupa infruttuosamente un luogo in cui qualcun'altro darebbe origine a migliori guadagni. L'esercizio insomma di questa parte d'amorosa eloquenza deve compiersi con tutti quei modi che più agevolmente possono concedere alla volontà il dominio degli altrui pensieri. S'adoperi più con fatti che con parole, usando le guise dei godimenti, onde vi è più allettato l'amante provi gli sforzi della di lei persuasiva; non gli neghi alcun diletto e soddisfi volentieri ogni sua esigenza, poiché a tale efficacia meravigliosamente si arrendono gli uomini. Si introduca però più efficacemente con la molteplicità dei motivi inclusi tra quelli particolari che vantano singolare forza per muovere gli affetti; abbondino gli ornamenti esterni, affinché lusingato l'occhio da vezzose pompe riporti al cuore quelle note di gradimento con le quali si facilita in lui qualunque più delicata impressione. Tratti con gli stessi artifici benché con stile diverso, poiché invariabilmente deve l'arte collaborare agli stimoli della sua eloquenza.

Ogni sforzo di questi deve praticarsi nell'epilogo, detto comunemente perorazione, come se da questo fine dipendesse l'esito o felice o infausto dei tentativi precedenti; devono qui muoversi tutti gli affetti e trascinarsi gli animi, in modo che s'arrendano non solo i benevoli, ma anche i più ostinati e contrari ai suoi disegni. Se prima col rigore della maestà comandata dall'arte procurò di non urtare nel disprezzo per non esser avvilita, si manifesti sul fine umilmente benigna, onde si alletti i sensi di chi si diede a vedere renitente verso la bellezza con boriosi rifiuti. Faccia di commuoversi lei stessa, sforzandosi di concepire amorosi sentimenti, onde meno apparente sia la simulazione e meglio si esprima la sincerità dell'affetto. Si rappresenti lo stato dei lascivi diletti quasi presente, poiché l'abbondanza delle lusinghe cagionando molteplicità di gusti eccita l'appetito e convince l'animo. Si ripeta abbondantemente tutti gli artifici e si osservi che sotto nome di epilogo si comanda il formare una quinta essenza dell'arte e ristringere tutta la efficacia delle frodi, di maniera che in questa parte estrema venga data l'ultima mano a tutta l'opera. È molto importante rinforzare i tentativi, affinché non sia vana e conseguentemente infruttuosa la precedente fatica, onde nel punto di riceverne il premio si veda miseramente defraudata. Succede l'epilogo allorché licenziasi l'amante per partire; nel momento che deve sborsare la paga, se già non è data, pensi la puttana con quanto artificio deve rinforzare le sue lusinghe: se anche è precorso il denaro, né altro si spera, conviene lasciarlo con straordinaria dolcezza, di modo che appetisca il ritorno. Siano però fuori dell'ordinario saporiti i baci e amabili, in questa divisione, le moine, di modo che s'invoglino i desideri quando si dovrebbero credere sazi; sono sempre apprezzabili quelle vivande che sul fine della mensa stuzzicano l'appetito. Prometta per la prossima volta maggiori delizie, dichiarandolo con atteggiamento sicuro, mai con fare servile; accenni ancora, sebbene solo a mezza bocca, di volergli concedere in altra occasione quel piacere che a primo tratto forse avrà negato. Così lusingato, l'uomo, su questi estremi, gli sembrerà un'ora quasi un secolo per la straordinario desiderio di ricondursi a lei e godere vantaggi di tanto rilievo.

Gioverà il praticare gli insegnamenti che si indicheranno nelle successive lezioni, nelle quali più distintamente si farà luce in questo confuso caos, da cui non ben ancora si discerne la perfezione di quest'arte, né è permesso penetrarne con efficacia. Servono le norme date sino ad adesso solamente per regolare l'eloquenza della puttana con un tale ordine necessario per aggiustare le maniere, che appariranno molto più proprie d'amorosa persuasione.

LEZIONE OTTAVA

È necessaria l'esposizione, che è l'essenza propria della retorica, in cui si fanno palesi quelle colorite vaghezze proprie dell'arte aggiungendo perfezione a ciò che si dispose in conformità di una naturale norma propria dell'abilità al discorso. Da ciò consegue l'eccellenza di chi apprende e lavora su questi documenti, e sebbene se ne parli solo superficialmente questa è per appunto quella a cui si arrendono i sensi esterni ed è perciò opportuno fondare sopra di lei la sicurezza della vittoria.

L'espressione dei concetti dell'animo, adattata con forme sfuggevoli, rapisce straordinariamente gli affetti nel far credere che con lei invisibilmente si congiunga l'anima di chi persuade. Dunque si svisceri pure la mente in false illusioni, si ponga in questa parte ogni studio maggiore, e con frequenti atti e un lodevole esercizio si renda inseparabile l'abito di questa perfezione: da essa si distinguono le doti di maggior raffinatezza, affinché con ulteriore vantaggio sia praticata la professione.

Colpirà nel segno colei che si cimenterà in questo, che sebbene falso deve inserirsi necessariamente nell'altrui credenza, ovvero con la soavità del diletto farà gli uomini prede volontarie dei suoi capricci, o userà sì dolci violenze che non potranno contrastati dai suoi inganni non piegarsi e arrendersi ai suoi desideri. La sopravveste degli ornamenti quali predispone l'eloquenza copre ogni altra mancanza o di interessate pretese o leziose lusinghe, di modo che facilmente si conducono gli incauti ad assecondare le altrui intenzioni, privati della libertà dell'arbitrio, quando soggiacciono vincolati alle apparenze. Siano gli abbigliamenti del corpo austeri ma lascivi, affinché mostrino bizzarria e parimenti decoro. Se occorre procurare miglioramento nelle bellezze del volto lo faccia in modo da suscitare meraviglia purché al tempo stesso conquisti con piacevole grazia.

L'acconciatura del viso non deve mai essere priva di graziosa allegrezza, né si muovano le labbra se non per sorridere. La pulizia è attrazione di grandissima forza, poiché questa può dirsi la sola politica con cui la puttana è abile ad avvantaggiare i suoi interessi; questa sia evidente sia nelle vesti sia nella casa, poiché pareggia nel gradimento dell'uomo i più superbi arredi, disprezzabili nella sporcizia e totalmente sviliti quando apparentemente curati siano trasandati. Si avvalga poi di modi semplici, affinché una doppiezza fatta di primo tratto palese non renda odiosa la sua conversazione. Unisca nondimeno quelle maniere che giudicare si devono più spiritose o più sonore, per penetrare sino nei più intimi sentimenti di chi le attende. Non si metta niente di sudicio, essendo talora la modestia una miglioria di reputazione, a favore unicamente della quale dovrà osservarsi la dignità, non umiliandola che quando la grandezza del personaggio con cui si tratta lo richieda, o se alla condizione di bisogno ciò conviene. Si evitino le stravaganze, se si dubita l'occasione o il modo di sostenerle non ne renda lecito l'uso. Dove non è evidente un eccesso di grazia, e conseguentemente di buongusto, si sfugga la stravaganza, la quale è consentita solo alle cortigiane più famose o a quelle che praticando con innamorati sono certe di essere apprezzate in qualunque modo.

Calchi la strada ordinaria e vada sul sentiero battuto colei che priva di esperienza non sa come possano riuscirle nuovi artifici, o come debbano essere intesi inusuali modi di fare. È permesso alle più esperte il deviare per mostrarsi capricciose, poiché sortendo esito negativo con i loro uomini sapranno ricondursi sulla giusta strada, ne avranno timore per tale errore di pregiudizi di rilievo; in tal caso siano sempre pronte le assicurazioni e le scuse necessarie per coprire lo sbaglio, che non danneggerà per niente gli interessi se verrà prontamente sopito. Quando ci si accorga di avere con qualche durezza offeso l'amante o di averlo anche moderatamente maltrattato, si sani con amorose carezze la piaga, affinché inasprita non imputridisca e di conseguenza comprometta l'amore. Falliscono però quelle puttane che pavoneggiandosi nel credersi simpatiche arrivano quasi apertamente a spregi, con modi altezzosi presumono vantaggi nell'essere ritenute bizzarre, e pure singolarmente perdono la propria fortuna, poiché chi si lega con le cortigiane non ammette altro aggravio se non quello della spesa, esigendone in corrispondenza l'appagamento di ogni piacere. Male s'aggiusta alla qualità del suo stato chi disegna di vendere con profitto le sue merci insultando il compratore: si disingannano facilmente gli incauti amanti e rifiutano di appassionare anche il cuore quando patisce la borsa. Sono lecite queste forme in una donna che con amore disinteressato dispensando i suoi godimenti sborsa un prezzo opportuno per farsi schiavo quello che ama; quindi adattandosi egli alla condizione, può tollerare le appendici poco buone che servono di contrapposto alla sua felicità, e sopportare un rigoroso disprezzo una indiscreta superbia. Altrimenti va la faccenda che una puttana, che è altrettanto rigorosamente pagata quanto liberamente goduta, non deve sperare in altri riconoscimenti di affetto quando occorre sborsare del denaro. Non vuole l'uomo risse o contese che l'addolorino, quando si compiace di impoverire per godere, senza intoppo alcuno o altri riguardi. Se dunque succederà talvolta di trasgredire questa legge con l'uso di qualche termine poco buono, o parole o modi irritanti, non permetta la puttana che con tale disgusto l'altro se ne vada, ma con lusinghe accoglienti mitighi lo sdegno e non lasci inasprirsi il male.

LEZIONE NONA

Nel teatro dell'eloquenza è il principale abbellimento la forma, nella quale si rende viva la rappresentazione degli sforzi diretti a procurare il trionfo di chi persuade. Si muti con quella il significato delle parole in modo che con fuggevole prospettiva ingannino, facendone un eccezionale allettamento molto efficace. Si usi dunque una forma persuasiva, impiegando quei termini che ornano meravigliosamente i trofei con i quali pomposamente si addobba un perfetto discorso.

Primo tra quelli è la metafora, o traslato, proprio della puttana ordinario stile. In questa servono tutte le simulate espressioni d'amore, poiché la metafora altro non è se non un trasferire le parole da soggetto proprio a luogo improprio. Quando dunque si avvicina, sovente deve esclamare: "Bene mio, anima mia, vita mia, sì ch'io muoio", si faccia uso di questi traslati, quando simili dichiarazioni di vero affetto siano appropriati all'esporre un finto inganno. Ciò che escogita l'anima per conquistarsi un vero amante si pratica talora con qualcuno che ci ripugna, o almeno per solo interesse lo si ammette agli amplessi; eppure finge la donna di struggersi per dolcezza, si mostra languente, svenata ed esangue, applicando alle finzioni ciò che giuridicamente si deve attribuire ai soli dardi di Cupido. Con tali metafore riempiono le cortigiane ogni loro orazione, e spesso ne sortiscono ottimi effetti, essendo da alcuni incauti gradite quelle dimostrazioni, e si lasciano persuadere da crederle innamorate, eppure non sono che avare; incapricciandosene sempre più i loro amanti si fanno generosi, ed ecco il frutto dell'arte e il buon effetto della loro retorica. È evidente il compiacimento dell'uomo con l'uso di queste, quando si compongono massime con termini più espressivi atti a palesare una particolare affezione. Quanto maggiormente nausea chi ama la rivalità e il confronto con altri amanti, tanto più aggrada l'essere egli stesso quel solo a cui si dona la più pura parte del cuore; così si accrediti la puttana con ciascun amante, se le occorre averne più d'uno, né tralasci giammai queste forme così vantaggiose per avvalorare i suoi artifici.

Allora principalmente si renda sublime l'arte in questo traslato, quando per arrecare maggiore piacere si pone l'anima dei gusti ove la natura collocò segni di abominevole disprezzo, e questa è la metafora più gradita, con cui non le parole ma il membro si traslata da luogo proprio ad altro improprio in osservanza delle naturali leggi, benché non in compiacimento dell'appetito. Dubito di offendere le vostre pudiche orecchie non avvezze alla notizia di così nefandi costumi, ma pure mi conviene fare perfetta la mia istruzione anche con questi particolari, poiché la depravazione di questi tempi accetta solo simili delizie, e si dice provveduta di poca buona retorica la puttana che non s'avvale di questi traslati. Incontrando certi tali viziosi ai quali basta l'immaginazione di deliziare in quella parte, e nell'atto sono contenti dell'oggetto naturale, consoli volentieri la donna e rinvigorisca la loro immaginazione; seppure anche ricerca la realtà degli affetti, acconsenta alle sue voglie, quando speri di trarlo con ciò ad una totale soddisfazione delle sue bramosie. Sono troppo semplici quelle che a certe domande si mostrano ritrose, e si deve dire che male conoscono il proprio mestiere, che le espone al *fas* e al *nefas* per il guadagno, come la ragione di stato espone i grandi per dominare. Deve la puttana comportarsi alla stregua di quei soggetti che ad ogni vento fan viaggio, e quando tragga vantaggio nel cammino dell'interesse prendere le spinte e gli impulsi in quella parte in cui maggiormente gode di giacere chi può governare il corso della sua felicità. Non vi esorto io già o figliuola a tale scelleratezza, convenendovi anzi il darvi a vedere difficile nel consenso quando qualcuno cercasse di rapirvi con esecrabili eccessi; vi propongo solo quell'aspetto che per necessità dovreste porre in tavola quando inefficaci a persuadere a vostro modo di vedere altri migliori modi. Basti l'avervi ciò accennato, e a voi occorrerà solamente di praticare le metafore, che trasportano i veri sentimenti d'amore, sui principi della vostra disonestà; con una fresca natura non lascerete occasione di bramare altro quando si esercitano sproporzionatamente, come se al primo incontro con nuovo amante voleste dimostrarvi già innamorata, anzi appassionata per lui, con espressioni di spossante languidezza o di straordinario diletto. Ben devono supporre le puttane che non avranno credito queste simulazioni, le quali appariranno troppo finte, e, conosciute quali sono, faranno nausea; non siano frequenti di modo che offuschino la credenza d'amorosa intensità, invece di parlar in chiaro; non siano così licenziose, come fanno alcune che con bestemmie, parole obbrobriose e con impudici accenti fingono eccessi di gioie, quasi rapite fuori di sé: quindi l'amante, se è inesperto in tale costume, si offende, o almeno s'annoia invece di compiacersi per termini così volgari. Ricordate, in questo come negli altri ornamenti della vostra eloquenza, che a voi nella vostra gioventù, quando sarete ancora inesperte di questa professione, non si permetterà ciò che è lecito ad altre invecchiate; sarà in voi più lodevole la modestia, e benché dobbiate darvi a vedere a conoscenza dei termini, converrà non apparire così dissoluta che sappiate usarli.

LEZIONE DECIMA

Con diverso aspetto si sottomettono le cose agli occhi della metafora, si varia dal sintetizzare il discorso con l'accennare in una parte il tutto, o al contrario ampliare nel tutto le parti; con apparenza di moltitudine se ne espone uno solo, e si ristringe in uno la molteplicità degli altri.

Questo è molto utile alla puttana per la persuasiva dell'interesse, nel manifestare limitate le sue pretese in poca somma di denaro, quando invece aspira ad assorbire il tutto e a rendere esauste le borse. La moderatezza delle richieste occulti sempre l'ingordigia del desiderio, poiché in tale modo le riusciranno più facili gli acquisti, né chi con lei si apparta si spaventerà immediatamente per le sue richieste, pensando di venire spogliato delle sue ricchezze. Richieda dunque una parte del tutto che essa brama di ricevere; quando la conoscenza delle qualità della persona con cui tratta la persuaderà di procedere altrimenti, chieda il tutto per aver almeno una parte di quanto ricerca in sua soddisfazione. Ponga uno come numero massimo, ostentando quasi l'orgoglio di essere mantenuta da un unico amante, benché si noleggia ai capricci di tutti; si renda credibile quando mente con vari inganni fornitigli da nascondigli nelle case, di porsi in condizioni necessarie al buon essere della puttana per aver facile l'avvantaggiarsi di nascosto; in ogni caso mai non manchino invenzioni di scuse, in modo che non sia colta in bugia da chi essa con tale inganno schernisce. Si comporti con opposte maniere quando alcuno presumesse di disprezzarla come abbandonata da tutti, nel qual caso si aggiunga credito con il manifestarsi, benché falsamente, amata da molti. Nel praticare principalmente i letti è opportuno l'uso di questa sineddoche, prendendo il tutto per la parte o la parte quasi il tutto, secondo il gradimento di chi gode offrendo il genere per la specie, o il cambio di queste in quello nel vaso proprio del sesso, o in quello comune della specie, consono al gusto dell'uomo. In un semplice sorso di delizie da lei rappresentate e in unico saggio di queste che ella dona, dia a conoscere la gentilezza dei comportamenti che dovrà permettersi il suo amante: sulle prime faccia che un grazioso vezzo sia contrassegno di garbate maniere, e faccia sperare la totale soddisfazione dei desideri amorosi.

In conformità di queste due metafore si esercitano anche le altre, nelle quali concordemente si ha per fine il rappresentare una cosa per l'altra. Ciò deve essere prerogativa della puttana perché tralasciarla non conviene in alcun modo se si vuole sortire l'effetto di grazia che solitamente segue.

Usi l'antonomasia, «il diletto» chiamando ciascuno di quelli che con lei conversano, «il singolarmente caro e amato», affinché separatamente creda ognuno arrogarsi giustamente gli epiteti più affettuosi, seppure nella espressione di quelli non abbiano minima parte i sentimenti del cuore.

Non abbia disinteresse per la onomatopeia, che è invenzione di nuovi nomi, poiché alla sola proposta di fingere deve consentire come ad esercizio proprio, non ricusando perciò qualunque partito. Acquistino merito con le smancerie le sue innovazioni, e con eccedenza di piaceri copra la mancanza di palese simulazione. Così le sue richieste potrebbero avere per unico scopo la reputazione dell'amante, qualora si dica: «Quella è la donna del tale», affinché non accada con sua vergogna l'apparire inferiore ad altre; con tale pretesto, senza apparenza d'interesse, si chieda nuovi vestiti, ricchi abiti e abbigliamenti di gran prezzo. Quando si addobba la puttana per lusingare nuovi amanti e piacere ai clienti, dica sempre al suo finto caro: «Mi faccio bella per piacerti, e affinché con vostro onore ciascuno mi ammiri pomposa, risultando con ciò in gloria vostra». Di tale arte fanno uso anche le mogli nel familiarizzare con qualunque più lascivo fregio invidiato nelle femmine più licenziose; affermano di volere il compiacimento dei mariti, ma in verità hanno per fine di mostrarsi agli amanti. Una donna scaltra può vincolarsi gli animi con l'eccellenza nell'ingannare, perché sebbene ciò sia noto all'amante, ella non tralascia di assecondare quelle graziose maniere, che colpiscono nell'ammirabile della professione.

Frequentemente la puttana si avvale di un traslato detto catacresi, vale a dire abuso, che insegna l'avvalersi di una parola fuori del proprio significato, mentre ha attinenza con ciò che vogliamo esprimere.

Dovrà effettuar ciò più con le opere che con le parole, permettendo nei godimenti quest'abuso il quale si fa quasi necessario per la vicinanza dei due erari delle delizie amorose. Non impedisca al senso l'indifferente applicazione del nome in modo corretto sì per l'uno come per l'altro; in tale modo si renderà efficacissima la sua eloquenza, e avrà aspiranti che si arrenderanno alle sue violenze, operate nel circolo quasi con magici incanti. In conformità però con quanto sopra accennato, non si avvalga frequentemente di questa forma, riserbandola alle occasioni di migliori guadagno e di inevitabile consenso; se può eviti di dimostrarsi tanto audace e dissoluta da adoprare liberamente termini così impropri e contrari alla natura. Quando anche ciò fosse suo costume, finga sempre di essere in quella parte intatta, e accusi gli sforzi di un amore eccezionale, di cui è stata fatta complice di un eccesso talmente esecrabile per soddisfare i voti di una sregolata bramosia.

Se in ciò potesse giovare l'ironia, cioè il miraggio di così indegno appetito, si appigli all'opportunità, e posizionando il corpo soddisfi al prurito dell'amante senza ammetterne l'effetto. Quando anche vuol sostenere la propria reputazione, non ricusi questo modo di compiacere a tal prurito, o col sonno o con semplice inavvertenza, comportandosi quasi delusa, di maniera che non possa essere incolpata di avere volontariamente acconsentito. Neghi con le parole e poi conceda con gli atti, che di questo trattare ironico singolarmente vezzoso ne ricaverà merito per vantaggiosi acquisti. Usi anche l'ironia nel dimostrarsi obbligata dai buoni trattamenti dell'amante, con apprezzamenti per i suoi modi, anche se solamente l'oro da lei è apprezzato. Finga di credere tutto ciò che egli dice per amorosa espressione, promettendo perciò dal suo canto una tanto più sviscerata corrispondenza; realmente, nulla creda agli uomini, che nella pratica con le femmine imparano benissimo a simulare e a mentire; se sono molto giudiziosi, applicano a tale abilità la vivacità dell'ingegno, e giungono a superare il maestro. Dubiti sempre d'esser burlata, come ben spesso succede: quindi non permetta che la lusinghino affettuose dichiarazioni, ma sempre sia tenace nei rigorosi puntigli del commercio per esigere oro, senza dar valore alle parole o cullare la sola speranza con poche promesse.

Le iperboli alla fine, le parafrasi e le allegorie serviranno alla puttana per abbellire i discorsi, coadiuvando grandemente in questa retorica una aggraziata forma di favellare. E soprattutto con il fine di persuadere a pro dell'interesse siano sempre allegorici i ragionamenti in modo che il senso delle parole colpisca nel segno nel pretendere o chiedere ogni cosa: a tal meta si mostri incamminata in quei lunghi giri di concetti, che in una unica voce potrebbero riassumersi; a tale scopo indirizzi le iperboli, che sono esagerazioni di un affetto sviscerato, di una disinteressata volontà; e pure la conclusione deve gentilmente dimostrare al rovescio, né siano le sue allegorie in sembianza d'enigmi, onde non si comprenda la sua intenzione, ma ragioni con tali forme che sia reso capace chi ascolta di ogni nuova pretesa.

LEZIONE UNDICESIMA

È opportuno che si conformi la puttana al debito della professione con modi assai diversi dagli ordinari artifici delle femmine, poiché sebbene ogni donna essenzialmente abbia vanto nel tessere frodi, superare deve ciascuna la cortigiana come quella che oltre il fine di ingannare ha l'altro, per sé più rilevante, di procurarsi notevole guadagno. Non si parla qui di adultere o d'altre che per solo amore si concedono ai piaceri amorosi, ma di quelle che ubbidiscono all'interesse e ambiscono le soddisfazioni di questo, non già il compiacimento di lascivi appetiti. Non mai però sono sufficienti le regole assegnate, poiché si giunge agli estremi dell'arte, mentre bisogna descrivere come fare a migliorare la natura femminile, eccellente nelle più scaltre frodi.

Nei precedenti discorsi ho toccato alcuni punti universali, ma non trattata in modo consono la qualità della materia, da lasciare l'opportunità di un insegnamento migliore, poiché vi è spazio per una più compiuta perfezione. Può di nuovo figurarsi l'eloquenza con alcune superficiali vaghezze, quali da niente al momento sembrano, e che pure costituiscono la differenza da un trattare ordinario ad uno familiare, quindi compongono mirabilmente questa artificiosa retorica; si eseguono i dogmi di questa anche nelle parole più domestiche e triviali, col ripeterle, raddoppiarle, variarne i casi, farne equivochi, formarne sinonimi, e comporne altre somiglianti a galanterie che ornano molto amabilmente il discorso.

Il favellare della puttana con linguaggio lascivo è per dare piacere agli amanti, e nell'usarli sempre, deve ponderare il mutarli, di modo che nell'uso ordinario non diventino sprezzabili e manchi conseguentemente l'efficacia della sua eloquenza. Usi dunque la ripetizione, e benché d'ogni altra cosa volonterosa, fingasi insaziabile nel compiacere l'amante e moltiplicare i passatempi, fingendo di godere nel di lui piacere. Pratichi la conversione, rivoltandosi sotto sopra, di fianco o in qualsiasi modo più gradisce. Frequenti la complessione, replicando in quell'atto gli amplessi e facendo più intensi gli abbracciamenti, di modo che faccia credere di sviscerarsi nel godimento e di donargli l'anima stessa. Faccia la conduplicazione delle parole, raddoppiando i legami con la lingua tra le fauci si faccia concilio dei cuori, quando in corrispondenze si ferma più in basso il congiungimento. Commuti i casi e i vasi a seconda di chi con lei si trastulla. Anche nelle disgiunzioni insomma si avvalga dell'ingegno, affinché a seguito del godimento non segua il solito pentimento, o quella naturale malinconia che succede al coito, per impedire che nemmeno per brevi momenti si introduca la nausea e il rifiuto di quelle delizie che autenticano la forza della sua persuasione; non farà però che bene il trattenere l'amante, o con dilettevoli canzoni, cenni scherzosi, trastulli, finché se ne vada la tristezza e ritorni il desiderio di gioire. Nel distacco che segue il partire dell'amante, si pratichi le regole accennate per l'epilogo, e poiché qui necessarie sono principalmente le reti degli artifici per farne buona preda, onde sebbene chi fugge si senta legato e provi inevitabile lo scampo delle sue insidie, concependo già impossibile la lontananza dai suoi vezzi. Pare che ottenuti nella donna i godimenti per i quali solamente è buona e appetibile di lei più non si curi. Consideri dunque la puttana con quanto studio debba affaccendarsi per catturare l'uomo e farlo indivisibilmente suo anche nell'atto di questa separazione: dovranno essere straordinarie le forme dei suoi trattamenti per obbligarlo al continuare la conversazione, che prolungandosi non può non riuscire proficua. Se a prima vista l'avrà conosciuto credulone, arrivi sino a rifiutare il pagamento offerto per adescarlo maggiormente con generoso disprezzo del denaro. Usi generalmente e sempre ogni miglior termine che suggerire si possa da ostentata simulazione. Con chi ha già familiarità si comporti altrimenti, e quando si avvedrà che rapito l'amante negli eccessi dei contenti o invogliato da vantaggiosi duetti trova il suo modo di apparire e di parlare ben calibrato, faccia le richieste per le quali mai non dovranno mancare fantasiosi pretesti: o fingerà impegnata qualche cosa di pregio per poco denaro, ed essere in procinto di perderla quando non la riscatti; ora inventando la perdita di un pendente o di un anello, mostrandosi però addolorata per timore che avvedendosene il marito o l'innamorato principale contro di lei non si irriti; piangerà l'obbligo di dovere ad un certo tale pagamento di notevole somma, nel quale quando manchi di presente verrà a grave discapito la sua reputazione. Alle volte chiederà l'oro sotto termine di prestito, ma però con il pensiero di non restituirlo mai più. Se abbonderanno nell'amante le dichiarazioni di buona volontà per scusare la contrarietà degli effetti con l'impotenza, si decida di usare l'altrui volontà, avendo perciò sempre in pronto chi dia roba e denari sulla parola di chi può avere credito, e sicuramente restare dovrà in debito.

Con verosimili fandonie si rendano necessarie straordinarie spese, e per tale effetto sia molto scaltra la serva, che vieterà di far conoscere interessata la padrona, la quale non perderà il decoro umiliandosi molto nelle richieste, quando ancora non è abbastanza abile nella conversazione. Sarà di notevole vantaggio se la serva sarà quasi buffona, almeno molto scherzevole, poiché sotto la burla nascondendo il tutto le sarà permesso di tentare almeno di scorticare i clienti; farà spesso richieste esorbitanti, e metterà necessariamente alla prova la liberalità dei cavalieri; che sebbene avvertito è ciascuno delle insidie delle puttane, e andando verso di loro si provvede di coraggio per opportuna resistenza, tra molti nondimeno occorre di ritrovarne alcuno proclive alle sue soddisfazioni. Mai non si espone il vischio o si tendono le reti senza che alcun uccello non resti preso. Ciò che si spende per questi acquisti non è di tale valore che debba rammaricarsi chi resta deluso senza perdervi alcuna cosa di suo. Sono fallaci tutti i commerci, poiché bisogna prima esporre il certo, e chi non incontra alcun rischio mai non può godere il bramato guadagno; sono ottimi gli insegnamenti, ma le regole del commercio volubili, poiché dove si contratta con diversità di personaggi riscontrarsi non può un solo umore. Non manchi già la puttana di trafficare sul banco delle astuzie, che il traffico mai non porterà in rovina, quando qualche volta non riesca conforme il desiderio profittevole.

LEZIONE DODICESIMA

Tra le doti di ben intessuta orazione si suggerisce quella di numerosi periodi che agli orecchi medesimi degli oratori compiacciono con regolato suono, e a tale compiacenza viene disposta la composizione.

In sentimento della nostra retorica altro rimbombo dilettare non deve l'udito della puttana che quello dei metalli più sonori, e così l'eloquenza sua armoniosa apparirà nella molteplicità degli amanti. Stiano certe le donne di tal partito che con un solo negozio non faranno mai un capitale considerevole: legandosi scioccamente ad unica borsa impoveriscono la loro fortuna, e da uno stato infelice trapassano ad essere mendiche; meglio starebbe ad esse legarsi col matrimonio, quando già volontariamente si eleggono di vendere la libertà ad uno che mai potrà sborsare quanto comportano i fondamenti di straordinarie ricchezze. Si stanca anche un innamorato, se la mano si affatica incessantemente nel contare denari; alla fine si vuotano anche le miniere, e al crescere del dispendio manca talora la possanza, o la impedisce la volontà di spendere. Molto frequentemente succede la diminuzione delle spese se assuefatto l'amante nella conversazione non più arrossisce nel negare ciò che richiede, o forse ancora, posto un piede sul collo alla femmina per il dominio avuto su di lei, con rimproveri e percosse si abituerà a dimenticare le richieste. Non permetta dunque la puttana di languire così miserabilmente a discrezione di uno solo, per depositare in quello tutte le sue speranze. Se in mancanza di occasione sarà necessitata di prendere tale posto, o per fatalità della sorte non potrà di primo tratto avere molti incontri, si aggiusti al tempo con osservazione del suo vantaggio; non però si sottoponga a questo giogo senza la comodità di sottrarsi a quello ogni qual volta potrà, a spinta di miglior brezza, incamminarsi a porto più felice.

Nella cambiamento degli amanti, quale seguirà per avere moltitudine, agevole le sia l'usare la retorica, che altrimenti con uno solo fattasi ordinaria, o riuscendo poco giovevole, perde la sua efficacia. Sarà necessaria singolare arte nel mantenere tutti concordemente benevoli, di modo che ciascuno soddisfatto appieno corrisponda prontamente col suo denaro. Sappia destreggiarsi in modo che il più importante, o per autorità o per l'utile che se ne riceve, non rimanga offeso né concepisca disgusto abile a separarlo da questa pratica; si proceda con ogni maggiore rispetto, essendo necessario l'avere sempre un punto fermo per terminare il periodo e assicurare la moltitudine dell'eloquenza. Si rinforzi le più fini simulazioni, con le quali si può trionfare sulla volontà dell'uomo, per conservare questo vicino, consapevoli che l'avere sostegno lascia una difficoltà di meno per salire, e a chi non ce l'ha conviene andar in cerca per appoggiarsi più che per innalzarsi. Sostenga il di lui affetto con lusinghe e con vezzi, provvedendo d'altro canto per i propri bisogni con cautele e modi conformi a risoluzione di disporre, non di precipitarsi. Abbia pronti i nascondigli per celare gli altri amanti, e mentre la serva sta spiando la venuta del padrone in fretta dia trastullo al nuovo amante, che scioccamente godendo quasi d'amoroso furto sarà più prodigo nel pagare quanto più ha avuto poco tempo di gioire.

Ci sono alcune, non so se si dicano audaci oppure scaltre, le quali partendo dal letto in cui giacciono tra le nude braccia dell'amante se ne vanno a stringere questi momentanei amanti, e a trastullarsi con essi in luogo appostato e recondito. Crede l'altro che sia vero il pretesto d'urgente necessità, quando ella si assentò per breve tempo, quindi riposa su questo inganno ed è malignamente schernito. Se costretta la puttana non può altrimenti soddisfare a quei tali, pigli con destrezza somigliante ripiego; ci sono alcuni balordi che deliziandosi nel farlo di nascosto, benché con puttane, stimano di toccar il cielo con le dita e si offrono ad ogni dispendio, apprezzando molto di più questi diletti furtivamente rapiti.

Quindi le cortigiane di maggior fama hanno l'abitudine di accreditarsi a quelli che scorgono invogliati di avere commercio con esse: anche quando non ci sia necessità di tanta prudenza la fingono, facendo intendere a quel tale che non possono compiacerlo se non alla sfuggita, non dovendo a salvaguardia di quello a cui cela dare una minima ombra di sospetto per non perderlo. Quello sconsiderato a ciò crede, e stimando più prezioso ciò che così cautamente si guarda lo desidera maggiormente, quanto più se lo vede liberamente proibito, tanto più l'appetisce; soccombe perciò ad ogni patto, riceve l'assegnazione di un'ora o di meno, e benché in momenti inopportuni, si contenta di fermarsi nei godimenti sempre col piede in staffa, più in atto di fuggire che di trastullarsi; si dimostra generoso per indurre l'amata a procurargli successivamente maggiore comodità, quale dovrà la puttana promettergli, dichiarando di voler adoperarsi con ogni sforzo e di grado in grado felicitando ogni ora di più secondo i suoi trattamenti, e gli darà speranza d'ammetterlo con se una notte intera, se mai sia possibile, per contrapporre la lunghezza di molte ore a quella istantanea fugacità. Così il buon uomo se ne andrà pascendo, e per non privarsi del futuro compiacimento terrà vivo il gioco con il denaro alla mano. Questi sono momenti felici, che portano copioso riscontro a tante vane promesse.

Si potranno fare ogni giorno molti di questi traffici quando non consumando che parti d'ore non riescano l'un all'altro di impedimento; ci si avveda solo di fuggire la confusione, al che servirà il determinare il tempo e la facilità di ritrovare ripieghi che occultino l'assenza: si dia perciò ad uno il titolo di fratello, ad altro di zio, ad altro di nipote, ad altro di cugino, poiché essendo senza sospetti la conversazione con ciascuno di essi, potrà rimediare a qualunque inconveniente che occorresse quando uno di loro venisse sorpreso o colto d'improvviso in casa. Non sarà che bene il farli anche comparire talvolta sotto questi titoli quando essa è con l'amante, affinché imbevendosi questi di tale credenza non se ne ingelosisca poi, qualora la verità giustifichi i suoi sospetti.

Nello stesso modo si faccia libero smercio con le ruffiane, che rappresentano un'opportunità di guadagno, e sotto il pretesto di parentela o di lavori a loro comandati si introducano liberamente, e si negozi con lei costringendo alle volte chi è geloso di avere un nuovo rivale a pagarla.

Le si dia qualche cosa aspettante ad abbigliamento del corpo o della casa, che la riporti quasi posta in vendita, facendo in modo che venga anche a proporre qualche incontro, affinché possa comparire liberamente alla presenza dell'amante, cancellando con quell'apparente scusa ogni sinistro sospetto; anzi, è ben spesso persuaso il buon uomo al comperare ciò che da questa si rappresenta, di maniera che resta doppiamente scornato. Credetemi o figliuola è estremamente necessario per la professione avere dalla propria parte una di queste mezzane, le quali stanno in agguato per trovare uccelli ai quali togliere le penne maestre: ogni cortigiana è ascesa con questo appoggio, e conoscendone il beneficio continuarono questa forma di mercanteggiare la loro corruzione. Quando la ruffiana ha un tanto per lira, si sforza di avvantaggiare il pagamento della puttana per far maggiore anche il suo guadagno: così accordano alle volte per dieci o dodici scudi l'affare con una che per due scudi altrimenti cederebbe tutta se stessa in altrui potere. Non abbia a schifo l'avvalersi di questi sensali, purché le donne di reputazione fingano di esecrare questi mezzi termini usati segretamente per avere un guadagno straordinario, o quale si propone da una interessata ingordigia. Le locandiere sono ottime in questo esercizio, poiché tra i forestieri che capitano nelle loro camere arrivano sempre alcuni polacchi, i quali cadono nelle reti ad occhi aperti, spendendo quanto altri vuole. Quando dunque avrà la puttana buona serva, a cui sicuramente si affidi, e quando non le mancherà modo di muoversi coi dovuti riguardi, accetti quanti occorrono alla giornata. Il solo pretesto di non volerli ricevere che di nascosto, per non perdere l'affetto del suo caro di cui dovrà esaltare ogni migliore trattamento, è bastevole per porla in considerazione; facendo intendere che acconsente alle altrui voglie per bisogno, e potendo l'altro immaginarsi di non essere gradito per le bellezze, resterà sufficientemente persuaso a dimostrazioni più che ordinarie di splendidezza. Ponga pur in opera lo stesso dogma quando abbia una concertata compagnia di tre o quattro, poiché mai non deve saziarsi d'acquisti, e però rimandi agli straordinari, sebbene abbia grande destrezza, poiché è più difficile ingannare molti che uno; le riuscirà facile quando osservi le ore proprie d'occupazione di ciascuno, poiché a secondo della qualità dello stato e degli affari questi non sempre può stare appeso alle poppe d'una donna: queste, osservate nella pratica, si assegneranno per campo vuoto, e si aggiungerà nuova occasione di guadagno. Sarà favorevole per moltiplicare gli amanti esercitare con amici, onde sarà lecito adescare alcuno; sotto il manto dell'amicizia andrà celato l'errore. Chiacchierando però la donna con gli amanti finga di detestare tale comportamento per essere più libera nel commetterlo; e in effetti l'approvi, quando si frappone l'efficace persuasiva dell'utile, oltre il quale non c'è altra lusinga. Così, in virtù di quello, non deve avere freno alcuno che la trattenga: chi espone l'anima e il corpo per il guadagno follemente si consideri cauta, e non apprezzi legge alcuna né di Dio, né d'onore, né d'amicizia, né di qualunque altro obbligo d'umanità.

Con ordinari e palesi modi indifferentemente quando l'uno è a vista dell'altro. Privatamente ciascuno sia il caro e il diletto; con qualche prerogativa in più, finga di singolarizzare quei godimenti che ognuno sa essere comuni agli altri. Mostri di detestare gli abbracci, di avere nausea dei baci di tutti fuorché di quello che attualmente tiene tra le braccia; in esso esageri il sommo dei suoi gusti e il colmo di ogni contentezza maggiore. Così in accordo sia armonioso il suo amore, il quale con una apparente se non vera soddisfazione appaga gli animi di chi compera l'esteriore compiacimento dei sensi. Si avvalga di questa concorrenza per suo profitto, e predicando uno più dell'altro generoso e liberale mostri d'avere occasione di amare maggiormente chi la tratta con più degne maniere. Quindi ingelosito chi di lei forse è incapricciato, farà in modo di vanificare questo motivo e si sforzerà di pareggiare, se non di superare, i regali dell'altro, per non essere inferiormente amato; coi nuovi doni di questo presentandosi agli altri farà la stessa passata, e così, con un giro eterno, si compirà il fine dell'interesse. Imbattendosi in qualcuno che si innamori è superfluo far valere attestati, poiché senza retorica purtroppo è fatto soggetto sino alla fine di essere pazientemente scorticato: coi giovani però, che quando amano legano le borse con foglie di porri, impieghi la puttana le sue arti nel farli innamorare di più per i lauti profitti, con i quali saranno certe di raggiungere facilmente il fine primario e coglierli nella rete. Con gli amanti occasionali, o con altri più renitenti alle violenze di Cupido, si tratti in modo che si avventi la mano all'oro prima di volere porre piede nel cuore.

LEZIONE TREDICESIMA

Ha l'orazione come composto artificiale, non so che di somiglianza con i corpi, e quindi vanta distinzione dei membri, che in seguito concatenando i periodi rendono perfetta questa opera d'eloquenza.

Mi si consenta però di perseguire l'idea dell'esemplare stesso di retorica nel dare regole per il congiungimento, in cui consiste l'ultima parte della persuasiva femminile. Non si forza qui la puttana ad alcun ordine, è obbligata all'osservare solo ciò che maggiormente colpirà nei capricci di chi si ha da persuadere. Non si curi, se il meno soggiace al più, oppure, se volto il mondo sottosopra la casa va al rovescio, si aggiusti finché la disposizione non le sia naturale, ma contro natura; osservi solo di porre le membra in quel modo in cui faranno miglior effetto e riusciranno più gradevoli all'uomo. Schivi ogni asprezza o ruvidezza dove quello che deve accadere abbisogna del contributo delle parole, vale a dire il contatto delle carni; levi però con accuratezza i peli nella parte che quanto più è nuda tanto è più gradita. Ponga ogni studio in procurare la morbidezza, sì che si proponga un delicatissimo strato, quale conviene alla delicatezza dei piaceri amorosi. Si eserciti con artificiosa grazia fino ad aggiungere con la soavità dell'olfatto il compiacimento di quel senso per cui pare che nella donna non vi sia luogo di diletto.

Sia monda la vita, e per quanto potrà coadiuvarsi dall'arte la natura, vanti straordinari candori. Quando la nudità rende superflui gli abbigliamenti, nelle chiome potrà osservarsi il decoro, e benché graziosamente neglette dovranno esser bizzarramente acconce per invaghire. Supplisca con la pulizia dei lini e la qualità degli ornamenti, sì del letto come della stanza, laddove la povertà di chi rimane nudo per godere non permette di fare mostra d'abiti superbi e maestosi. Convincetevi o figliola che compete singolarmente alla puttana di procurarsi credito con queste apparenze esterne, e benché solo in prestito o con altro titolo deve provvedersi di addobbi preziosi per avanzare le sue fortune: cresce notevolmente il prezzo delle sue merci quando con una tale dignità da non pregiudicare alle amorose delizie vengono dispensate, in modo che la donna quanto più ricca sia tanto meno altera e riesca più gentilmente trattabile. Arrossiscono gli amanti nel farsi vedere miseri nel pagamento allorché pare si accusi con ostentata mostra di ricchezze la sua mendicità: per puntiglio di reputazione se non per altro elargiranno oro vergognandosi di dispensare argento dove questi copioso si scorge.

Non a tutte è data l'opportunità di tanto vantaggio; quelle però che non ancora sormontarono a tale grado abbiano facili e pronte le scuse per ammantare il loro povero stato: dicano di essere state da poco rapite o dal seno dei genitori o dalle braccia del marito, e quindi persuadano al condonare la debolezza del principio, quando il mettere su e mantenere casa richieda grave dispendio. Lo si muova vezzosamente, affinché cooperi a migliori progressi; quando non potrà far uso di tale menzogna fingasi vittima di compassionevoli disgrazie, onde impoverita ebbe necessità di ricominciare le sue fortune, e però ne accenni il difficile inizio affinché si commuova, poiché nell'ordinario corso della mortalità le sciagure devono esser motivo di compassione, non di disprezzo. Sempre usi l'arte di darsi a credere venuta di fresco alla professione, o se l'età e l'evidenza non lo permette, si dia ad intendere decaduta per malvagio destino da quel sublime posto di abbondante felicità che precedentemente godette. È adatto a sortire a tale effetto il cambiare con le case il nome, e da un estremo della città passando all'altro in incognito vendere ai più grandi carne rifiutata anche dai più vili. I racconti dei successi passati, intessuti di varie menzogne applicate al sostenere un decoroso credito, prendano spunto da ciò che si disse in proporzione al racconto. Ma condotto ora a questa digressione il favellare degli addobbi delle case, dei quali essendo sprovveduta la puttana sostituisca con una straordinaria pulizia, affinché ogni cosa ispiri lascivia desiderata in sommo dagli amanti, i quali appresso alle cortigiane appetiscono un non so che fuori dell'ordinario gustato nelle mogli, o universalmente nelle proprie abitazioni. Quando non vi sia stravaganza nell'appetito carnale, vi è la pretesa nell'occhio di vedere una disposizione artificiosa per eccitare a lussuria; non vi sia niente fuori luogo, poiché il poco disposto con simmetria riesce ammirabile.

Nel corpo stesso principalmente non si permetta di osservare da capo a piedi un minimo neo di disordine. Siano ben adattati gli abiti, e quando non possono esser di gran pregio siano di molta delicatezza; ci si cinga con i colori più adatti ad un seducente amore, se non è consentito d'insuperbire entro la pallidezza dell'oro. In conclusione ad imitazione delle più bizzarre ci si conformi nel vestiario, quando non sia possibile di pareggiarne il valore. Si guardi la donna di non tradire se stessa nel momento in cui ingannando l'amante, appaia lasciva al di fuori, nuda poi riesca esecrabile, e laddove abbigliata promuova ai piaceri, spogliata sia cagione di nausea all'appetito. Tolga ogni causa di fetore poiché ne consegue la corruzione dei gusti più soavi, e quando abbia qualche parte del corpo imperfetta si sforzerà di celarla, indossando l'indumento anche se fosse pregata di deporlo. Se non sono sode le poppe, quali convengono al sostenere le delizie più gradite, cingasi con la fascia il petto, coprendo l'imperfezione con il pretesto di conservare caldo lo stomaco; non diversamente dovranno ricoprirsi con veli altri difetti, fino a ché sia esposta ad altrui discrezione in quella nudità che concerne alla condizione del godimento. Pensi insomma la puttana che il letto è l'altare in cui si compiace il sacrificio di Cupido, e però stimi come suo dovere la pulizia e purità stessa, che persino tra i più rozzi si osserva in chi si avvicina a luogo così sacro. Dovranno esser precorse le lavande, con duplicato effetto di pulitezza e di una carnagione fatta morbida e dolce, in modo che al semplice tocco si smuovano tutti i desideri, e fin dalle più recondite arterie del cuore parta il sangue per accalorare quelle zone d'amore, che non molto dopo devono germogliare nel dilettevole congiungimento. Nell'atto poi di questo, si deve fuggire ogni sproporzione o con eccessi di larghezza o con estremi viziosi di artificiale strettezza. Serva l'arte a mortificare la natura, non a confonderla, trasportandola fuori del naturale: l'industria, che perciò si usa, deve moderare quella grande ampiezza in cui naufragano miserabilmente gli uomini; e poiché si suppone che la puttana molte volte al giorno riceva mercanzia in bottega, o se non ha tale fortuna la disposizione per sua parte perlomeno ci deve essere, conviene di rimediare all'inconveniente generato da questa frequenza, poiché il sudore di chi scarica le balle, inumidisce e allarga la strada, e qui naufraga chi pretende di entrare nell'asciutto e non porta stivali. Per non pregiudicare dunque i suoi interessi, quando la puttana avrà negozio con qualche personaggio di riguardo, si introduca nel magazzino, se le strade di bottega sono male in ordine, e universalmente le tenga pulite e asciutte conservandovi dentro alcune pezze dette volgarmente setini, che giovano mirabilmente a togliere l'umido di quelle parti; se capitasse a qualcuno di ritrovarle, abbia pronta la scusa di un dolore all'utero, poiché tiene ravvolto in quelle muschio o altra cosa di buon odore, per poterle togliere da basso. Giova assai il lavare quelle parti con vino, il che potrà farlo quando deve servire più volte ad un amante: compiuto ogni punto di commercio scenda dal letto fingendo di volere orinare, si asciughi bene, e in disparte avendo un vasetto con vino ci faccia una lavanda, che in tal modo con suo molto vantaggio persisterà sempre in quelle dilettevoli angustie con avanzo di molto credito.

È opportuno infine che sia confermato dalla costante pratica ciò che si è proposto al primo incontro, affinché non venga meno l'efficacia della persuasione. Anzi, abbia cura la donna a dilettare maggiormente quando più svogliato può stimarsi l'amante, e come sulle prime quasi famelico ogni cibo aggrada, così dopo l'essersi una volta o due ristorato ha bisogno di delicatezze; dopo che avrà alcune volte mangiato, sarà opportuno mutare il piatto nella coppa per presentargli da bere, nel qual caso si finga Ganimede coppiere di Giove. Non meno apprezzare deve la donna il suo amante se lo ritiene disposto ad assecondare i suoi disegni: acconsenta però ai suoi voleri, quanto più dura l'esercizio della retorica tanto saranno maggiori i vantaggi del diletto, in modo che lusingato sino all'ultimo momento dell'orazione resti definitivamente persuaso.

LEZIONE QUATTORDICESIMA

Se ben vi ricordate o figliuola sin da principio vi insegnai essere parte della retorica anche la memoria, necessaria nella puttana per la buona apprensione e ricordo delle regole che deve osservare nel suo mestiere.

Siccome tutti i suoi discorsi in conformità dei costumi sono un misto di menzogne e finzioni, conviene aver buona memoria per non contraddirsi, onde si manifesti la falsità della intenzione non meno che delle parole; non dovrà esitare punto, né lasciar che si intoppi la lingua nei racconti, che terminati da interessate richieste stabiliscono la meta della sua eloquenza. Si rammenti in quale modo ci si comporta con qualunque persona secondo la varietà del suo stato: alcuni sono di vile condizione, ma graditi per molte ricchezze; altri moderatamente ricchi, ma altrettanto più nobili; altri poveri o avari, ma per grado, dignità o per altro accidente per autorità riguardevoli. Altra specie d'amanti non si ammetta da voi, poiché è un errore accettare quei giovani di esagerata eleganza e ricercatezza che vogliono trascinare la donna a innamorarsi. Oh Dio, vi guardi il cielo da tale sciagura! La puttana sia certa di una totale disfatta quando da ascolto ad un seppur minimo vero amore.

Con chi spende, sia prete, frate o artigiano, o anche di più bassa lega, si tenga il cuore e la mano sempre nella borsa: sono di poco decoro, siano però d'altrettanta utilità; si tenga a freno la loro indiscretezza, propria in tale canaglia, quando sovrabbonda l'oro con l'autorità del potente, da cui si prenderà per pagamento il guadagno in reputazione e l'essere all'occorrenza protetta; quando però egli alimenta di fumo, non si dia lui molto di meglio, avendo la sola soddisfazione dell'apparenza. Sia sempre pronto qualche buon ripiego, o l'avere scoperta qualche buona fortuna, per far sì che egli lasci il posto e non impedisca il guadagno: si intrattenga in segreto, quando occupando il posto proibisca di penetrare ai raggi dell'oro; nell'altro, che con più temperata spesa promette maggior corso, si faccia più sicuro appoggio, con oggetto di averlo mancando ogni altro in sostegno della casa e in mantenimento di decoro. Con quelli che si ammettono segretamente si stia ai patti, e conforme al fatto che essi si compiacciono di quel poco che viene loro concesso, basti alla donna di ricavare quel poco che fu accordato nell'appuntamento. Sia manierosa nel portarsi adeguatamente al grado di ciascuno, in modo che né con i vili si mostri superba ma nemmeno si renda sprezzabile, se costretta alle loro ricchezze, né coi grandi appaia poco animosa nel saper contrastare il loro orgoglio e nel contentarsi di inconsistente nutrimento.

Con tutti ugualmente sia nelle simulazioni e negli inganni scaltra e astuta, nei diletti graziosa e nel muovere gli affetti veemente, che questo è compito di un buon oratore, né altrimenti si ricerca per la perfetta pratica di questa retorica.

La memoria, che a questa appartiene, non è tanto la potenza dotata di ampia capacità di ricevere in sé tutti gli oggetti che si rappresentano al senso e successivamente introdurli nell'ombra, quanto una artificiosa rimembranza dei punti necessari per l'eloquenza stessa quale si ottiene o con l'assegnazione di luoghi reali o con le immagini: nel primo senso non solo, ma anche nel secondo, sarà vantaggio grande della puttana una felice memoria. La disposizione ad accogliere chiunque si offre al senso interno dell'interesse è condizione irrinunciabile, e la proprietà della professione ricerca prove maggiori di questa necessità. Deve pur anche esser provveduta di luoghi e d'immagini, nelle quali fissando la considerazione concepisca quel gusto che non può sentire congiunta con uomo deforme e sgarbato: si rappresenti nella mente o persona da sé già amata o un delizioso giovine, quale può desiderarsi da una donna innamorata. Figurandosi con un tale avvinghiata in amorosi abbracciamenti, trascorra a quelli eccessi di gioia e in quegli svenimenti che appagheranno eccezionalmente chi la gode; avranno credito le simulazioni di uno sviscerato affetto, e per sé credendo lo sciocco liquefatta l'anima in stille di dolcezza approverà gli ardori del suo fuoco. Altrimenti non si può corrispondere a chi talvolta è odioso se non odiato, ed eccettuato il denaro ha qualità detestabili più che d'amore: in quell'atto si dimentica alle volte l'interesse, allorché non si vedano gli effetti di manifesta nausea è ottima risoluzione l'uso di somiglianti immagini, che avverano il gusto e ingannano l'amante. È necessario questo artificio principalmente quando si incontrano certi umori imbevuti di un falso parere che ogni femmina si strugga per essi, e quasi per forza vogliono che nel deliziarsi con lui si corrompa e dia segni evidenti di quel verace diletto.

Si dovrà insieme procurarsi di figure lascive, addobbando le stanze o almeno la parete di fronte al letto di pitture rappresentanti atti osceni: fanno mirabile effetto queste immagini, che alimentano agli occhi un eccessivo appetito di lussuria, e perciò giovano ad autenticare come sopra le frodi della donna; stimolano pure anche l'uomo, quando verso il letto prende l'impulso e quando qui cade fa che vi lasci del suo. Per causa di tali pitture si acquisiscono amanti nuovi, quali non mai si sperano, e ad una improvvisa risoluzione segue bene spesso una continua applicazione, quando la donna è di buona tempra ed eccellente nell'arte. Le figure dell'Aretino in unico quadro raccolte saranno teatro bastevole, e avranno qui largo campo le bramosie per fondare copiose le rendite dei piaceri. Scorrendo queste immagini si farà una toccata sull'organo dei sensi, e variandosi i registri conforme la varietà di quelle si farà un suono molto armonioso, e nel diletto, che è sempre lo stesso, si avrà la diversità, unico e solo condimento delle dolcezze terrene. Sara compito dell'uomo ordinare quale si deve imitare; dovrà però anche la donna approvare quelle maniere che accelerano e accrescono la beatitudine vantata dai folli amanti. Ognuna dovrà esser esercitata per discernere le migliori e incontrare il gusto di chi propone con la squisitezza degli stessi comportamenti. Aggiungo per fine di questa lezione che con altrettanta delicatezza dovete conservare una buona memoria, con le immagini dei fatti capitati ad altri oppure anche a voi stessa. Quando ne avrete praticati molti, e nella molteplicità dei capricci avrete conosciuto l'obbligo di variare trattamento, vi rammenterete come da preferire quelle posizioni delle quali qualcuno si compiacque, e quelle dove qualcun'altro prese disgusto le riserberete a parte, per avere nella mente e tenere a cuore l'obbligo di non usarle. Riflettendo pure anche col pensiero su quelle puttane che fecero grandi fortune, ma molto più famose furono nella infelicità, ricordatevi di sfuggire quegli scogli nei quali si infransero: se per amore si aggrapparono al peggio, secondo la proprietà del sesso e la disgrazia di chi deve farsi mirabile, pagarono le ruine a contanti per colpa di profondi affetti; se troppo ingorde e insaziabili nel guadagno accettando chiunque senza distinzione e riguardo acquistarono infezioni, malanni, procurandosi progressive sciagure e una pessima fine. «Ci si guardi dal rompere il capo al padre Cipriano»: questo proverbio è usato nelle scuole con chi è discordante nell'idioma latino; si avvera nella nostra professione quando la puttana contagia il vero Cipriano con infezioni genitali, conditomi e altre simili galanterie, tanto che per parte di tale femmina può dirsi distrutta la retorica e rovinati i suoi affari. Altre per finire poco accurate nel governo di sé stesse, poco guardinghe nel mestiere o troppo fantastiche amatrici di capricciosi umori, precipitano la loro prosperità con terribile scossa e con grave tracollo, anche se ben indirizzate potrebbero sperare di risollevarsi.

Si dia il governo di tutte le faccende all'arte, e si soffochi le passioni naturali, il grande amore e lo sdegno, poiché con queste si mostrano apertamente i sentimenti e non ben convengono con l'obbligo di simulare. Non pensi di essere donna quella che è puttana, riportando dal sesso nient'altro che la facilità per tessere frodi e inganni lasci ogni altro sentimento, diversa dalle altre. A somiglianza di chi entra nei chiostri, e rinunciando al mondo indossa nuovi costumi, nuovi pensieri, e a paragone dei mondani è detto morto, deve anche la femmina nel trapassare a questa professione spogliarsi di ogni concetto femminile, abbandonando quella biasimevole pusillanimità che la rende poco ardita, o quell'indomito orgoglio da cui è resa talvolta troppo feroce. Apprenda con coscienza questa retorica, e non riconoscendo altro principio di vita o altra potenza emotiva nelle sue operazioni, regoli in conformità di essa ogni suo atto, e con lei si mantenga in un tranquillo stato d'imperturbabile contentezza.

LEZIONE QUINDICESIMA

Poiché la quindicesima giornata della luna è quella in cui meglio si ammira questo fecondo astro nel pieno cerchio dei suoi splendori, quasi in rivalità con il sole, ho voluto servirmi di tale paragone e terminare anch'io nel tondo, cioè nella perfezione propria della figura sferica. Quindi ho destinata la quindicesima lezione come ultima nell'insegnamento di questa retorica, con la certezza che come nel plenilunio sarà pienamente illuminata l'oscurità della vostra ignoranza, avrà abbastanza luce per indirizzarvi all'atto pratico del mestiere per cui si sono dettate le regole.

Si è detto fino ad ora di ciò che aspetta all'interno dell'animo per affaticarlo convenientemente nell'inventare, disporre e collocare ordinatamente quanto compete alla efficacia della persuasiva. Conviene adesso accennare ciò che appartiene agli atti esterni del corpo, il quale non meno della mente ha la sua parte in questo esercizio.

Anche nelle orazioni si ricerchi la pronunciazione, il cui servigio si compie con la voce e col gesto: serve l'una al muovere gli affetti, facendo penetrare i suoi sforzi nelle orecchie, l'altro rapisce insinuandosi per gli occhi. Usi dunque la puttana anche questa eloquenza corporale, adoperando artificiosamente la lingua e il movimento delle membra. Gioverà all'efficacia della sua persuasiva la voce sonora e variabile, secondo i dogmi della musica, essendo il canto, come precedentemente additai, un singolare allettamento d'amore: con esso si fanno talvolta amabili anche le più deformi, poiché sempre è accarezzata e servita la donna dotata di tale virtù, in quanto provveduta di un eccezionale vantaggio. In Roma, dove regnano tutte le dissolutezze e per ben imitare gli esemplari migliori si insegnano le maniere più squisite per avere ottima riuscita in tutti i vizi, quasi ogni cortigiana in canore voci fa ridondare quei vezzi che le danno pregio per meritare il commercio dei più grandi. È ben vero che il diletto più ordinario, persino tra le persone di maggior stima, è quello che si ha nelle sfere rappresentate nei cieli congiunte al concerto di soave armonia, quindi vogliono adeguato il paragone; sono molto frequenti i musici castrati tra i loro bardassi. Occorrendo talvolta il mutare sesso per incontrare la varietà madre dei gusti, ricercano inviolabilmente l'aggiunto della musica. Nelle altre città, dove si professano gli stessi appetiti, come a Firenze e altri luoghi in Toscana, come anche a Napoli, e generalmente nelle zone confinanti, soggette o vicine a Roma, scuola aperta da dove escono documenti per la perfezione dei vituperi, praticano le puttane lo stesso stile. È però molto utile il canto, e nel ristorare l'uomo intristito alla conclusione delle amorose dolcezze produce meraviglioso effetto; con ciò non si antepone mai come appiglio maggiore perché da forza di contrario effetto, poiché distruggendo l'amore toglie il potere all'eloquenza e si oppone ai disegni dell'interesse. Non è necessario eccedere in questa parte, basta essere capaci di cantare una canzone o dare spirito a certe grazie che in bocca di una donna spirano aura dolcissima, refrigerio per i cuori innamorati: non si oda che composizioni amorose atte ad eccitare lussuria o al cagionare particolar diletto; sappia disporre della musica in tempo proprio per non annoiare con la lunghezza, o riuscire importuna cantando quando le occupazioni o gli appetiti richiedono altro intrattenimento.

Se non è capace la donna di questa virtù, dovrà porre ogni studio nel maneggiare la lingua se non nel regolare la voce, e supplirà con ciò al debito del suo mandato. Non vi è dubbio che vibrata questa saetta fuori dell'arco delle labbra, quando si avventano i baci fa gran colpo, ed è degna di molta osservazione la velocità con cui il serpeggiare di quella corrisponde al movimento del sangue e succede lascivo desiderio; ma pur è vero che, non ben addottrinate, alcune in questo esercizio stomacano talvolta, cacciando impetuosamente tutta la lingua tra le fauci di chi bacia, ovvero frequentando indifferentemente in ogni momento questa appendice del bacio la rendono poco gradita e talvolta anche poco cara, come non adatta alle espressioni del più soave amore. Dai colombi, uccelli amorosi dedicati a Venere, apprese l'uomo questa forma di bacio, quando vediamo che semplicemente amoreggiando si danno l'un l'altro scambievolmente il becco; si noti però come lo fanno con modo grazioso, e con maniera non già conforme a nessuna femmina poco ammaestrata, che spinge con impeto la lingua nell'altrui bocca, quasi che debba piantare un chiodo: bisogna renderla aguzza, simile a una freccia, e far sì che l'ultima estremità solamente vada titillando tra le labbra senza giungere al dente. Sia costume in occasione di esprimere più affettuosi sentimenti, o per invitare l'anima ad amorose gioie, quasi che penetri dentro la bocca per favellarle all'orecchio ed esporre sì dolci inviti, o per finire poiché in soave morte svenata deve spirare l'anima, che condotta fino sulla sommità della lingua conviene vada a ritrovarsi il suo cuore nel petto dell'amante. Nell'eccesso dei gusti maggiori conviene seppellirla, poiché la grandezza di quella meraviglia comanda il silenzio, come in quei particolari che hanno dell'ammirabile; oppure nel punto di morire è opportuno imprigionarla, come micidiale nel prestare coi suoi diletti il consenso a questo congiungimento, il quale diviene causa di morte, benché dolce e amabile.

Può anche avvalersi la puttana della lingua e della voce, artificiosamente assecondando l'indole di chi con lei gode: si compiace taluno di udire orrende bestemmie o le più esecrabili ingiurie, quasi che delirante frema e impazzisca per l'estremo piacere: conviene acconsentire al temperamento di costoro e parlare a loro grado, benché ci si vergogni di se stessi. Siano ordinariamente comuni gli accenti: «bene mio», «vita mia»,

«anima mia», «muoio», «moriamo insieme», e altri somiglianti, che dichiarano un simulato se non vero sentimento; aggiunga le aspirazioni, i sospiri, l'intercalare delle parole e altre siffatte galanterie, con le quali si dà a credere liquefatta, dileguata e totalmente consumata, mentre non è nemmeno commossa, quasi che fosse di legno o di marmo, non di carne. Certo è che la puttana non può di tutto compiacersi, né ad ogni momento ha i pruriti, essendo egualmente vero che non c'è più sensibilità dove è data una continua assuefazione; quindi accettandone diversi, e ad ogni ora si può dire avendo quello sfregamento che è molto piacevole, per la opprimente frequenza diventa quasi insensibile, e si deve perciò dare soddisfazione con le parole, se non con i fatti, e dire ciò che può porre in opera autenticando le parole col chiudere gli occhi, con l'abbandonarsi quasi esangue e col risorgere poi in vigore di un veemente sospiro, quasi che respiri per esser stata oppressa da estrema gioia, fatta estenuata e languente. Giovano eccezionalmente queste menzogne, benché discreditate dall'essere troppo comuni finzioni e ben spesso inverosimili, quando o con uno sconosciuto, o stanche per avere nello stesso giorno fatti molti viaggi, si crede non possa esserci di diletto più nessuna reliquia. Coloro che vogliono far credere di avere concertato con l'amante nell'esplosione dei godimenti, quasi che l'abbiano preso di mira per aggiustare uniforme l'amplesso, hanno così poco credito che offendono nel darsi a vedere smanierate più di quello che gioiscano nel dichiararsi affettuose: ecco l'obbligo d'essere in questa simulazione molto scaltra e artificiosa. Si adatti la medesima regola ai gesti, in particolare nel fingere una più che ordinaria intensità d'affetto, ovvero la concordanza dei gusti con quelli dell'uomo.

Ridurrò al particolare dei gesti i vezzi nei quali conviene alla puttana di essere singolarmente graziosa. Sono più grati quelli che con prime apparenze di sdegno si aprono poi in un sorriso, a somiglianza di quando nuvoloso il cielo fa impetuoso e repentino impiego dei raggi del sole, e d'improvviso si rasserena il cielo. Se affacciata a una finestra vedrà un suo amante o chi desideri farsi, corrisponda con un bizzarro saluto; segua poi un sogghigno, succeda dopo un bacio aereo lanciato sulla sommità delle dita; con un abile movimento del corpo finga di essere quasi vogliosa di precipitarsi per gettarsi tra le sue braccia; lo sbeffeggi, ma senza disprezzo, e quando è avvezzo nel gradire le ingiurie, pratichi queste ancora con quella moderatezza che deve persuaderle ogni buon termine. Entro la casa poi, anche fuori di letto, siano più frequenti i vezzi, né si permetta la femmina di fermarsi quasi statua immobile: si avvicini di quando in quando ad abbracciare l'amante, a lusingarlo con baci soavi; quanto più saranno improvvisi e impensati questi moti, tanto più daranno a credere impetuosi gli impulsi dell'affetto: la lingua balbuziente, o vogliamo dire tremolante, è una consuetudine delle più aggraziate; e pare che un simile favellare riesca agli uomini molto caro. Un esempio insomma delle più famose e l'esercizio vostro particolare possono in questa arte regolarvi meglio che i miei documenti.

Vi è nel gesto l'obbligazione di accrescere diletto con il movimento, che generando calore scalda germogliando gli amanti. L'arte deve essere molto industriosa e bizzarra, dimenandosi come anguilla, che sotto tale forma si trasformò Venere, dea delle lascivie, per insegnare alle donne quale trasformazione debbano accettare per non degenerare nella virtù di arrecare piacere. Si contorca, si rigiri, si allunghi, si ritragga, ora spingendosi in avanti, o tirandosi indietro, ora voltandosi di fianco: badi insomma di esercitare qualunque delizioso movimento, che si apprende con la pratica più di quello che si possa insegnare con le regole. Badi bene sopratutto di muoversi gentilmente al fine di mostrarsi viva, non già fino a quegli eccessi dove taluna pare infuriata, e quasi che lavori intorno ad un marmo si muove con impetuosa violenza, che talvolta danneggia l'amante: si tratta di carne umana e di membra delicatissime, poiché per esprimerne le delizie conformi all'idea di Cupido è necessaria una garbata fatica, non un lavorare da facchini. Si avvezzi al rispondere alle spinte, al concordare con le ritirate, nell'atto delle quali è lecito, come di sfuggita, lo spostarsi un poco di lato, dovendo altrimenti procedere di concerto con ordine e misura. Quel fatto è un'armonia a discrezione del mastro di cappella, e però è opportuno lo stare a legge di battuta.

Per non allontanarmi dal soggetto dell'eloquenza proposto mi ricordo di aver udito che Demostene se non erro, il qual ebbe la nomea d'eloquente oratore, per divenire perfetto nel gesto si avvaleva di uno specchio grande, rappresentante tutta la persona: davanti a quello faceva prova di sé, e osservando in questo modo i difetti li correggeva, imprimendo in sé quella azione che raffigurava migliore. Anche nella sua retorica può la puttana darsi a questo studio. Già ogni femmina ha per consultori questi limpidi cristalli, e a consiglio loro conformano gli abbellimenti delle chiome e del volto, l'acconciatura delle vesti, la simmetria delle membra, in modo che non vi sia moto di palpebra o di labbra male adattato al composto d'una vezzosa beltà. Si aggiusta parimenti la qualità degli sguardi, dei sorrisi, e stabiliscono persino quei passi che possono mostrare un bizzarro portamento del corpo; in ciò seguire deve la puttana l'universale del sesso, ma di vantaggio ancora prendere il sostegno dei movimenti più abili ad accrescere il gusto. Abbia però uno di quegli specchi grandi, e di fronte a quello si eserciti, o da sé sola o trastullandosi con alcuno dei suoi più familiari amanti, per avvantaggiarsi nel porre in opera, dove sia necessaria migliore retorica, ciò che avrà imparato in somigliante esperienza. Vi sono anche alcuni che si dilettano nel raddoppiare i piaceri, moltiplicandoli come se stessi moltiplicano nell'immagine che riflette lo specchio, e quindi vogliono ammirare la rappresentazione delle dolcezze gustate anche nell'attuale congiungimento; si compiacciano questi tali, come pure ogni persona, di qualunque condizione ella sia, in qualsivoglia appetito che gli suggerisca straordinari modi di godere. Quando il prezzo è adeguato, ed eguale la pretesa ragionevole, l'intero corpo della puttana è venduto: quindi non più suo, è di chi la comprò per determinato tempo, nello spazio del quale deve essere totalmente a sua disposizione. Nell'atteggiamento sia sottomessa a suo compiacimento, essendo in ciò diverse le inclinazioni e i capricci. La perfezione dell'arte, che ha supplito con l'industria dell'uomo alla semplice rozzezza della natura, ha imparato dagli animali molte cose che servono a giovamento dell'uomo: quindi si deve da loro trarre la forma in cui con squisitezza maggiore si compiono gli amorosi duetti, mi pare che il godere donato, come dice il volgo, «a passin *(pasci-pecora)*» sia la cosa più gradita e dettata dalla natura, la migliore e più eleggibile. Non ricusi di usarla semplicemente con chi la ricerca, senza mostrare dubbio nel farlo, e quando ancora succedesse taccia, se la speranza del guadagno persuade al tacere; basti a lei di avere instradato naturalmente l'amante, senza somministrare maliziosamente materia ad errori contro natura, dei quali non dovrà dirsi complice quando si portò con quella schietta naturalezza che dimostrano le bestie medesime. Lo stare al di sotto col ventre all'insù pare il modo più conforme all'umanità, gli individui della quale ebbero il privilegio di avere statura diversa dagli altri animali, nell'avere il capo e gli occhi rivolti verso il cielo; si gusta anche con gli occhi il volto, e meglio si godono le delizie dei baci, ed è possibile trastullarsi intorno alle poppe, che per simili vantaggi pare che sia sentiero più d'ogni altro apprezzabile. Se ha bisogno di maggiore artificio lo dona nel sapersi mostrare snodata sotto il peso, onde quasi sgravata possa agilmente muoversi in ogni lato; potrà anche migliorare di condizione la sua natura, porgendola o sollevata, o umile, o ristretta, a seconda di ciò che crederà arrecare all'amante maggiore soddisfazione. Si appigli se può la puttana, facendo a ciò consentire anche l'amante, alla maniera di godere in fianco, o sotto gamba, o con l'incrociare il corpo ravvolto e concatenato insieme: così è posseduta libera e assoluta la donna, che legata ma sgravata dal peso, può apparire svelta e snella in tutti gli atti necessari. Non rammento altri stravaganti modi, i quali come poco usuali, non ricercano molta cura, o per l'essere proprio comportano aggiunta di poco artificio. Le figure sopra accennate dell'Aretino sono l'esemplare, e quando taluno si incapriccia di stravaganze simili si imiti il modello; in tale occasione si avrà sempre pronta la scusa nel non essere in tal modo esercitata e di non aver piacere, e però sarà esente anche dall'obbligo di simulata corrispondenza.

Si muovano adeguatamente tutte le membra, manifestando unitamente segni d'amore la bocca con i baci, gli occhi stranamente sconvolgendosi a significare insolito godimento, le braccia stringendo sempre più gli abbracci, i fianchi nel piegarsi e gonfiarsi conforme al bisogno, consistendo nel loro contorcimento bene snodato il principale gioco d'amore; annodino anche le gambe e servano i piedi con le calcagna a fare quasi da puntelli per sostenere o per indebolire, cadendo, le spinte che si danno in questo assalto. Si mostri vivacità tale che rappresenti affetto, quale si finge per muovere l'altro ad assecondare i propri desideri con l'esborso dell'oro.

Così termina la persuasiva, e compio con ciò anch'io la mia retorica, i cui astuti e particolari dogmi si convergono alla fine in questo punto d'ingannare con tutte le arti che possono essere suggerire da più scaltre invenzioni. Per il fine dell'interesse ci si adoperi con tutti i mezzi possibili: tra questi non ve n'è migliore che fingere di meritare il pagamento con sviscerata affezione, stando che gli uomini di senno godono più di quella che del gusto transitorio e fugace. Quali sono i gesti sia però anche l'orazione, che dovrà mostrarsi spesso premurosa e invaghita per ciò che ella detesta, come indivisibile compagna d'amore è la gelosia, e quindi non può questi senza quella accreditarsi. Non vi ho inculcato il debito d'avere pronte le lacrime, per autenticare le finzioni e ammorbidire i cuori anche più duri, supponendo che siate donna, cioè a dire che aprire potete a vostro piacimento le cataratte del pianto, affinché in queste acque si purghi chi si mostra infedele in non credervi, o si sommerga chi è ostinato per non compiacervi.

Altro non so aggiungere, e mi resta solo di augurarvi l'opportunità di porre in pratica questo mestiere di cui vi ho insegnata la teorica. Come sono stata maestra, così a vostro piacere sarò ministra per procuravi ogni miglior fortuna, sollevandovi a quella condizione di cui altra più felice non gode il nostro sesso. Si ammiri le cortigiane più celebri, osservando quanta reputazione sostengono in superbi palazzi e in onorato corteggio, servite persino dai principi, per la cucina dei quali sarebbero altrimenti indegne per nascita; si veda quanto sono delicatamente nutrite con i cibi più saporiti che procurare possa un vizioso lusso alla gola; si osservi quanta abbondanza di contanti e mobili, altre ancora in beni stabili, in modo che nella vecchiaia saranno svincolate dal piangere come altre la mutazione della sorte e la vanità di un fine caduco e non più apprezzato, quando ha in cambio un frutto di copiosa abbondanza. Dopo simili osservazioni state pure certa, o figliuola, che vi procurerete queste con la sola arte insegnatavi in queste mie lezioni, col farsi naturale il simulare è lecito il *fas* e il *nefas* con la mira agli acquisti. Ha coadiuvato la fortuna, è vero, ma costei come dea comune può promettersi propizia a chiunque non desista dal perseguire ciò che si prefigge. Vediamo essere talvolta più fortunate in questa professione le più deformi, poiché non confidando nella bellezza né presumendo in questa, si applicano con maggiore studio agli artifici, e nell'autorevolezza di questi totalmente confidano.

Facendo in modo dunque di compiere quanto prescritto vi sottrarrete alle calamità del vostro stato in cui miserabilmente languisce una vaga gioventù, vi libererete di tante angustie, e decidendo di non sprecare gli anni più felici per l'opportunità di godere il mondo avvantaggerete voi stessa agli acquisti; accumulando ricchezze formerete una buona dote, onde all'incontro di opportuna occasione potrete maritarvi. Altro ripiego non scorgo per impedire il corso delle vostre sciagure, che fondate sulla povertà hanno troppo profonde radici, e quando all'incontro vi sostiene un'aria di inefficace reputazione, siete troppo dolorosamente sospesa. Appigliatevi pure al mio consiglio, avendo cura più di voi stessa che del parlare della gente, la quale con appellativi ingiuriosi ha introdotta l'infelicità nel mondo; soccorrete voi stessa con l'onore, giacché abbondantemente ne siete provveduta, e con la vostra prosapia e i vostri particolari costumi. Deh, che folli pensieri son questi! Con i denari si mantiene l'uomo, e il corpo mortale non si sazia di ciò che gusta l'anima, che immortale non stima alcuno il cibo. Se aderire vorrete alle mie usanze per vostro beneficio, vi darò appoggio tale che tolta ogni difficoltà del principio vi resterà solamente di gustare le dolcezze di questa professione.

È una gran cosa possedere tutte le contentezze di questa terra, dove si corrompe ogni godimento umano da infausto destino. La sola puttana ha libertà, buoni trattamenti, piaceri e guadagno, poiché con privilegiato usufrutto riceve bene dal bene, e cava rendite anche dalle proprie soddisfazioni nei lascivi appetiti, a compiacimento dei quali si consuma la roba e la vita. Vedrete miracoli di verginità restituita, che se avrete pazienza nell'eseguire i dogmi dell'arte, ben sei o sette volte sarete prostituita come donzella, e vi sarà di molto guadagno questa truffa. Con molte stravaganze insomma vi accorgerete che non può la donna ritrovare stato in cui più prospera gli arrida la sorte.

Faccia il cielo che ridondi in voi il frutto delle mie proposte, e che la copia delle ricchezze vi sia cagione di benedire i miei consigli. L'esito sarà quale io lo pronostico in vostro vantaggio, se consentirà la vostra mente di ribattere le contrarie persuasioni di quel destino che brama continuati tanti tormenti. Scuotete il giogo, ora che una verde primavera vi assicura che sicuramente troverete buon pasto, senza necessità d'obbligarvi alle angustie di un presepio. Sono spaziosi i prati delle delizie, ed è sentiero da preferire il vagare conforme la libertà dell'arbitrio massime concorda, come nel mestiere della puttana l'utilità col diletto. Dite, giacché io dipendo da vostri cenni o per sollevarvi o per compatirvi, quando forse neghiate d'uscire da questo carcere in cui languisce la vostra beltà, si perde la gioventù e si consuma la vita.

CONCLUSIONE DELL'OPERA

Si istruì per bene la giovane degli ammaestramenti di quella vecchia, e fin dal giorno successivo mostrò ferma determinazione. Consultò questo quando con i propri pensieri pensava alla mutazione di questo stato, improprio della nascita ma comandato purtroppo dalla necessità, dagli sforzi della quale si aboliscono i segni di ogni legge o rispetto. Non era già così avida di avanzare le sue fortune da non avvertire insieme i pericoli che si corrono nel praticare una professione viziosa, che di rado concede buon fine quando non faccia trascorrere la donna a pessima condizione; considerava tuttavia che sicuramente era meglio esporsi ad un dubbioso pericolo che il persistere in una certa miseria. Discorreva tra sé con distinta induzione di ciò che può occorrere d'infausto nel mestiere della puttana, e concludeva che non poteva peggiorare il suo stato attuale. Si figurava come difficoltà forse più rilevante l'obbligo di dare soddisfazione a molti, che con diversi umori portano conseguenze di varie inclinazioni, che da uno o dall'altro si ricevono disgusti, e le donne sono sforzate al fantasticare tutto il giorno forme diverse di trattamenti per incontrare il loro genio. Riflettendo subito sopra le regole d'una continua simulazione ritrovava il mezzo termine per sortire felicemente fuori di tale rischio, poiché con le finzioni è facile l'andare a seconda di qualunque più stravagante capriccio: si opera allo stesso modo con tutti, e tutti egualmente si soddisfa col simulare ammantato di quel colore che porta la passione particolare dell'amante. Per il dubbio d'innamorarsi e aprire in questa maniera adito ai suoi precipizi suppose di inserire nell'animo un odio contro ogni uomo, con decreto che non permettesse a sé la vicinanza che per pelarlo, anzi scorticarlo. Giurò di mai non desistere dagli inganni, di abbracciare anzi più che volentieri le occasioni di tradire, con fermo proposito di seppellire dentro la verità e la schiettezza, onde apparissero nella lingua solamente falsità e menzogne. Stabilì insomma d'osservare le regole assegnatele per ben riuscire nell'arte, e così promise alla sua maestra, nelle di lei mani professando gli atti di questa dolce religione, alla quale si obbligava sotto la di lei disciplina; oltre i tre ordinari voti di lussuria, d'avarizia e d'una eterna simulazione, in conformità dei padri gesuiti, vi aggiunse il quarto di non credere mai ad alcun uomo nel valutare la sua affezione o nel fondare alcun valore sopra le sue promesse. Accettò l'altra volentieri questo incarico, e sottomettendosi ad ogni miglior cura promise una infaticabile diligenza nel procurare i suoi vantaggi. Discorrendo per determinare a quale persona dovesse di primo tratto confidarsi, rifiutarono i nobili, poiché spendendo più d'autorità che di denaro sono scarsi nell'esborso del prezzo, e altrettanto tenaci nel ricercare il dominio e nel voler mantenere l'impero sopra chi un breve possesso concede. Ricusarono per la prima volta alcuni detti polacchi, poiché occasionali e nello spendere prodighi, stando che si riservava di esser venduta a questi quando già ben due o tre volte avesse ritratto il prezzo della sua verginità; la seconda almeno, e la terza, si destinava ai forestieri, i quali non troppo cauti e molto creduloni si ingannano facilmente nel prendere per vitella una vacca. Destinò dunque il primo fiore, stimato dalla buona vecchia incorrotto, ad un ricchissimo mercante, il quale praticava simili traffici, né si curava del denaro se gli presentavano fanciulle di primo pelo, gloriandosi di raccoglierne le primizie quantunque fosse grande il dispendio. Qui c'erano motivi molto efficaci per confutare qualunque scrupolo d'avarizia, poiché era giovinetta, d'anni tenera, di sangue gentile e di modi non affatto sprezzabili. Si contrattò dunque, e fu concluso l'affare con cento scudi, venti dei quali spettavano alla vecchia, avvantaggiata molto più in questo esercizio che in quello di mendicare. Le riuscì però molto male il guadagno di questo affare, poiché quel tale era uomo di garbo e ben informato delle furberie che si usano in questi frangenti: prima di confermare l'accordo esigeva rigorose assicurazioni, affinché non fosse burlato dipingendosi come donzella una già deflorata e minacciava altrimenti notevole risentimento. In questa giovine era la vecchia quasi certa dell'incorrotto suo fiore, ritenendo da molti segni che nessuna ape l'avesse prima d'ora assaggiato: si assoggettò quindi ad ogni più dura condizione di sopportare qualunque oltraggio qualora intendesse deluderlo e schernirlo; disse anzi d'averla offerta a lui poiché indubitabilmente essa era ciò che si raffigurava per soddisfare i suoi piaceri.

Seguì diversa nella prova, in cui dimostrò proprio nulla di vergine, e tanto meno delle altre poiché poco accorta la fanciulla non si era servita di alcun artificio, sapendo in sua coscienza non aver avuto commercio con alcun uomo, quindi non pensava ciò fosse necessario. Il buon mercante, che già aveva sborsato prontamente il denaro richiesto, quando vide guasta la rosa volle godere il bocciolo ancor socchiuso, e sverginarla se non davanti di dietro. Quella con esclamazioni diede in questa parte segni di esser intatta, né seppe contraddire all'altro per la sua semplicità regolata ai documenti della maestra, che già le aveva accennato il debito di non lasciar insoddisfatto quello da cui era ben pagata. Non contento l'uomo di avere ad ogni modo scontato il suo denaro, giacché la mercanzia non era totalmente stata fallace, volle vendicarsi contro la vecchia e le fece uno sfregio assai lungo sul viso affinché avesse memoria dei frutti che si ricavano da simile impiego. Ai lamenti di lei, come già dell'amante, rispose ardita la fanciulla con giuramenti più idonei ad accreditare il vero, che ad altro uomo non si era mai data. Per chiarirsi dunque del fatto, da un puntuale esame fu indotta a confessare che con cazzi di vetro e d'avorio, ritrovati appresso una sua familiare, aveva più volte tolto il prurito che in quella parte più sensibile della natura le era molesto. A ciò si diede la colpa, e quindi si può capire per quale causa non appaiano vergini molte che si maritano trattenute nei chiostri di monache sin da prima infanzia; si sollazzano in quella solitudine con analoghi passatempi, onde ad imitazione delle maggiori ne apprendono l'uso e ne frequentano la pratica anche le più innocenti, con non altra malizia che di levare quel pizzicore da cui prendono disturbo; così, senza vizio, dagl'insegnamenti delle più attempate si avvezzano queste ad usare i gesti più lascivi e i tratti più viziosi che desiderare si possano in una puttana.

Tal esito sortì la dottrina di questa retorica, con non poco terrore della giovane, che nell'infausto accidente della maestra presagiva non buoni gli effetti dei suoi insegnamenti. Ma le suggerì l'animo esser incorso questo disordine poiché non aveva mascherato con arte l'essere naturale, e che se adoperati avesse gli inganni prescritti come primo elemento del mestiere non sarebbe andata in quel modo; quindi tanto più stabilmente si prefisse per scopo il falsificare ogni cosa, relegando l'uso di schiettezza e sincerità fuori di ogni suo trattamento con perpetuo esilio.

Pensi chi legge come ben capitasse chi s'impacciava con costei, dei cui modi sarà pubblicamente informato chiunque conosce una tale di cui si tace il nome per non onorarla con pubblica rimembranza; sarà benissimo nota poiché ella è altrettanto famosa per la sua bestialità quanto è celebre per i suoi artifici. Tutto ciò che ella va componendo con frodi e con una evidente simulazione va per altra parte distruggendo con l'aderenza ai suoi capricci e umori troppo gagliardi. È amabile nel saper fingere bene, succedendo talvolta che è appagato l'uomo da ben colorite apparenze; è al contrario odiosa per i difetti della sua falsità, non atta al simulare buoni termini quando occorre di usarli. Ha precipitata più volte la sua fortuna non mai recuperata, e si può sperare che andando di male in peggio sortirà quel fine che merita.

Eccoti o lettore quanto ti aspetta per farti intendere con quale pretesto fu dettata questa retorica. Ti ricordo che in tutte le scuole vi sono le opinioni sbagliate o diverse: chi aggiunge o chi leva qualche particolare di verità approvata dalle ragioni o dai sentimenti comuni forma una scienza a suo modo, né vale contraddire a tali pareri. La dottrina è buona, ma bisognosa d'essere ben regolata nell'esercizio; mancano molti particolari, compresi però sotto quell'universale generico che obbliga a fingere sempre e a procurare nuova dignità.

Si avverte che gli insegnamenti qui distesi sono per animare una puttana pubblica e libera. Non si è parlato di quelle che o per necessità o per artificio esercitano segretamente questa professione, quali sono alcune vedove o donne maritate: hanno minor fatica nel farsi conoscere innamorate, in quanto le può autenticare il manifesto pericolo a cui si espongono; adescando così gli incauti, già allettati dal gusto particolare di rubati godimenti, li invischiano di modo che soddisfanno ad ogni loro voglia. Le istanze di queste non hanno mai per pretesto la necessità di mantenere la loro vita o la loro reputazione; hanno però grande vantaggio nello spolpare gli infelici, né soffrono contrasto per la pluralità degli amanti, senza che uno dell'altro si avveda, poiché sempre è pronta per scusa di qualunque impedimento il marito; ciascuno però che la gode crede di essere il solo, e obbligato a segretezza coopera ad occultare l'inganno della sua traditrice. Quindi alcuna anche delle più dissolute, capitando in luogo dove sia sconosciuta, fa correre sotto voce di marito un suo amante, e pratica gli artifici stessi come se fosse maritata. Nel rimanente si perfezionano i dogmi stessi nell'arte, tanto più facilmente sollevandosi quanto che hanno forma di meglio reggersi sul decoro e sulla riputazione.

Non ha parte in questa retorica la puttana onorata, quella cioè che senza interesse dona le sue delizie, poiché non curandosi di acquisti deve attendere solo alle proprie soddisfazioni. Se fallisce per amore segua il dettame di questo, se per lussuria abbia le regole di una buona fisionomia, per non esser mal servita a discapito dell'appetito. Sono così poche in numero donne di tale specie che sarebbe inutile aprire una scuola per esse.

Anche se iniziano bene, spesso tali giochi molto deliziosi per l'uomo non finiscono mai senza una sua grande perdita, poiché l'amata da sé sola, o per mezzo delle serve, lo spinge a lasciarvi del suo, quanto più tardi tanto più all'ingrosso; come i flagelli della divina giustizia allorché quanto più tardano tanto riescono maggiormente severi, non altrimenti sono più ingorde le richieste della femmina, quanto più da lei si ci prolunghi. Fugga l'uomo d'innamorarsi, e gli sarà facile il sortire illeso; impari, se non da quella che attualmente gode dalle altre femmine, il fingere, e finché la pratica va di buon passo, senza suo discapito, proceda con termini di ogni migliore corrispondenza; quando viene ad essere intaccato nella borsa, egli si stacchi abilmente dalla conversazione. Se può credere che la richiesta fatta sia per prova del suo affetto, non per interesse, come sono solite sperimentare l'altrui fedeltà dame gelose e timorose di non esser amate, si corrisponda con prontezza. Dovrà tener di conto di quello che si spende, quasi che sia un pagamento delle passate delizie; ma pure con l'accennata credenza si negozierà questo dispendio, poiché essendo una semplice prova si avrà indietro il dono, o copiosamente sarà contraccambiato. Si proceda non diversamente con le pubbliche puttane, taluna delle quali si mostra disinteressata e rifiuta ogni pagamento offerto, sapendo esservi pesci di natura facili da prendere con l'esca di questo inganno: quando sono invischiati, fanno in modo che in una volta le paghi tutte, e vogliono anche l'albero quelle che ricusavano d'accettare un frutto. Si ami pure, si lusinghi e per così dire si adori finché rifiuta; la prima richiesta sia la fine dell'amicizia, poiché non si romperà quest'argine di ristrettezza che con un grande flusso, né più ci si potrà negare ad altre istanze. Con altre ancora si potrà spendere allegramente sul principio, e con eccesso di liberalità acquistare padronanza nella loro casa, finché giunga l'opportunità di rifarsi della spesa rubando una catena d'oro o altre cose preziose, anche superiori di valore di ciò che si è consumato. Non manca insomma all'uomo facoltà d'ingannare la donna per recuperare il perduto, se non con lei con altre. Presentandosi con superbia e apparente pompa di un gran credito molte volte si è esentati dallo sborsare altra moneta, il che però è possibile solo in città forestiera, dove l'uomo non debba fermarsi o non possa essere conosciuto, a fine di fuggire la vergogna o alcun affronto che per ciò potrebbe risultargli.

La prima volta conviene introdursi con reputazione dando il pagamento; succederà la seconda certo, e questa si darà vuota di effetti, bensì altrettanto piena di promesse. Si figurerà la posta per altro giorno, con il pretesto di condurre un sarto a prendere la misura per un abito; così si farà, ed eccovi accettati la terza volta con buonissime accoglienze, senza spesa. Un'altra volta si porteranno mostre del drappo da cui si intende formarle l'abito; facendo poi che il sarto prenda tempo lungo, accennando molte occupazioni, si prolungherà alcuni giorni questa deliziosa pratica con il solo dispendio di speranze. Quando queste non saranno più in vigore si abbandoni l'impresa e si lasci la puttana schernita. Si ricominci con un'altra il gioco, e se non con il sarto con un ebreo per addobbi di casa, o con promessa di farle fare un anello, o catena, o manini, si aggiusti la partita come prima.

È ottimo artificio anche per ingannare le puttane quello che si usa da molti, vale a dire la promessa di matrimonio. Su questa strada traboccano le più scaltre ancora, che con tale credito si danno liberamente in preda a chi si finge appassionato e accredita ogni ora di più l'intenzione. Si ingannano le donne fino al proprio dispendio, e al trascurare le occasioni di guadagno, disprezzando ciascun altro, tanto che perdono spesso le loro fortune; sguazza intanto l'amante accorto senza spesa, o anche con guadagno, lasciando l'altra schernita quando egli è già satollo di godimenti. Ma poiché ai galantuomini alla fine non piace di defraudarle del loro prezzo, o sia necessario per sostentamento della loro vita, o anche sia superfluo ma convenevoli al pagare le loro carni esposte a nostro diletto, dovrà bastare agli uomini di non essere ingannati; accordino il pagamento, o attenendosi alla consuetudine osservata più che il merito facciano uno sborso di giustizia, non di splendidezza. Perché si abbia piena notizia del prezzo si avverte che nel pagare le puttane si osserva non il merito della bellezza, ma il sussiego con cui vivono in casa. Universalmente nelle città dove i bardassi sono per continuato uso le donne hanno svantaggio, e con poco dispendio si ha talvolta un buon taglio di questa carne rifiutata: saprai o lettore come comportarti a Roma, Firenze, Bologna e altri luoghi di minor nome ma di uguale fama in professione maschile.

Questa lezione è aggiustata sull'oroscopo di Venezia, regolata al meridiano di questa città, che nel supremo grado abbonda di cortigiane; molto avvedute per i propri interessi notano il pregiudizio che arreca alla professione l'avere concorrenti i ragazzi, quindi usurpano loro il diritto esclusivo di dare piacere, e in uno e nell'altro sesso danno forma agli umani godimenti. Per questa città dunque è istituito il calmiere qui prescritto. Se si incontra oggetto di gusto anche in umili bassezze e in case terrene, tutto ciò che si darà al sovrappiù di una lira sarà di cortesia, non di pagamento; ad altre che sono nello stesso grado, ma sollevate sopra le scale, con un quarto di ducato pienamente si soddisfa. Con chi ha piccola abitazione, ma fornita di addobbi proporzionati, si eccederà in buoni termini con la spesa di mezzo scudo; nell'accrescimento di queste pompe, concorrendo massimo il merito della donna, si da motivo di maggiore spesa di grado in grado ad un ducato, non di più. Se si incapriccia l'uomo di taluna che sta sul Canal Grande, e abitando in superbi palazzi si spaccia diversamente con vasi d'argento e con apparenze conformi alla fama di grande puttana, si fugga da ogni mezzano: per via di questi succederà una spesa ingorda, quando la dama in pubblici trattati vuole sostenersi con reputazione, e al sensale procura di avvantaggiarsi nella sua paga. Vada pure ardito l'amante di persona, e picchiando alla porta parli almeno con la serva, inviando alla signora quattro o sei scudi dati in sua mano, e otterrà l'intento per cui altrimenti gliene sarà richiesti a dozzine; che sebbene non è conforme la pretesa, è nondimeno sufficiente in riscontro del poco tempo che si consuma nel soddisfare ad un uomo: si ha quel di più senza aver perduto nulla. Si vedrà in tal caso la puttana addurre pretesti di affetto per giustificare la perdita del decoro, e mostrarsi disinteressata. Se il cavaliere vorrà usare maggiore generosità, ciò è in suo arbitrio; assicuro solamente che in maniera così licenziosa si avanza molto allorché si traffica con queste cortigiane famose, le quali o con finta di bizzarria o con altra scusa accettano ogni affare incamminato in tal modo, precorrendo l'offerta della moneta. Questa si scelga strepitosa, se è poca; o se corre oro nel commercio, in tal caso si abbiano pronte monete stravaganti e belle, chiamate «da musina *(da salvadanaio)*», che rallegrando l'occhio eccitano appetito nell'avarizia, e difficilmente vorrà la donna perderle, essendone tanto più avida quanto più forse è ricca. Quelle che si espongono agli uomini fuori delle loro case, o in camere, locande o presso ruffiane, sono ottimamente pagate con mezzo ducato, allorché siano ricche negli abiti e negli abbigliamenti, presi il più delle volte in prestito per accreditarsi, essendo abiette. Si parla di quelle che si trovano accidentalmente in simili luoghi, poiché condotte appositamente ricercano termini di prodigalità; se anche in un incontro casuale avranno titolo di donne maritate o di puttane segrete, contestando con ciò il ritirarsi in questi posti, si creda a ciò che raccontano, ma non si spenda più di un ducato.

Ad occorrenza di buona fortuna, onde si conosca con sicurezza il vantaggio, si paghi i favori del caso con abbondanza di liberalità. Adeguatamente a queste mete si proceda nel pagare le notti intere, e si raddoppi l'accennata spesa prevista per una sola volta o per breve ora di giorno, alla sfuggita; duplicandosi in ciascun grado il pagamento sarà sufficiente, anzi abbondante, se per di più sarà interposto il pagamento della cena. Fuggasi però questo con ogni sforzo, come totalmente superfluo, in cui per altro sono necessari termini generosi per reputazione e per non perdere la faccia, onde la donna, provvista di poca esperienza, sia scarsa di godimenti; sono avvezze le puttane di far giudizio dal cesto dei trattamenti che ci si devono aspettare: si rifiuti però questa necessità o di pregiudicare ai futuri piaceri o di spender troppo. Nel rimanente si sia sempre pronti a pagare le puttane con monete o false o scarse, poiché su questo banco il tutto come in un gioco si spaccia: invece di due mezzi ducati si dia due mezzi reali, che hanno la stessa apparenza, e il pagatore intanto si provecchia con quel di meno che comporta la varietà del danaro. In conformità di ciò si regoli o maggiore o minore sborso.

Nei paesi dove in minor copia o in maggiore stima sono le negozianti di questa professione si segua il costume. In ogni simile spesa insomma si prenda consiglio della coscienza della borsa, disponendo il tutto secondo la sua larghezza o strettezza. Avverta l'uomo di non presentarsi come cliente occasionale, poiché sotto questo titolo continuando la pratica è discretamente scorticato, non continuandola è con disprezzo schernito. Se per acquistar credito eccederà la prima volta nel pagamento, benché non soddisfatto ritorni almeno la seconda, sicuro di esser accettato, e dandole poco o nulla pareggi i conti, mettendo in conto ciò che diede l'altra volta. Se ne vada con abilità per poter ritornare se ciò gli ricadesse in umore, essendo di gran soddisfazione l'autorità per capitare in molti luoghi, anche se non vi sia pensiero di avvalersene; chi si compiace nell'andare vagando qua e là assicurandosi di non prendere nessuna malattia si comporta in quel modo, e come la diversità è di maggior gusto, così il procedere con tale arte è di minore spesa.

A chi altrimenti brama frequenza di godimenti e gradisce di più una continuata e familiare conversazione, è necessario pagare la puttana di mese in mese, per ore e per giorni determinati, o per il mantenimento della casa, secondo che si conclude nell'appuntamento. Quel pagare anticipatamente non è una gran cosa, poiché non si ricorda a lungo ciò che in brevi momenti si è ricevuto; quando senza replicare la paga si replicano i godimenti, pare alla puttana di non guadagnare niente, quindi non ha molto gusto, e sempre aspira a nuovi acquisti, e non compiaciuta si lagna e si risente, sicché riesce di poca soddisfazione la spesa. Di conseguenza si fugga lo spendere anticipatamente per molti mesi, poiché è trascuratezza troppo grande e pregiudiziale a chi arrischia il suo, senza sicurezza di averne l'usufrutto: non essendo persona di rispetto a capo, in pochi giorni troveranno motivi per cacciarlo di casa; essendo al contrario saranno eterni i rancori per i cattivi termini della donna, o per la sua importunità, onde si vivrà in un inferno piuttosto che in consorzio dilettevole.

La migliore elezione di chi vuole spendere è quella di sostentare la famiglia, potendo in questa spesa procedere con molto guadagno: si ha in tal modo il dominio di casa, e la puttana, che è costretta dal presente, riconosce vieppiù chi la mantiene, pare che ne faccia maggiore stima e che non osi moltiplicare richieste quando rimiralo mai sempre con le mani nella borsa. Un continuo spendere consuma assai, ma travaglia molto meno della necessità di sborsare i venti o trenta scudi alla volta, i quali non sono dati in cambio di molti giorni. Il dare denari alla puttana deve essere come il bere per la salute: poco e sovente. Chi ha pensiero di lunghe pratiche si prenda una fanciulla di povera condizione e di sufficiente bellezza, e l'avvezzi, come suole dirsi, «a suo dosso», adattandola ai suoi gusti. Chi vuole conversare con puttane già ammaestrate sia scaltro e ben provveduto di finzioni, per rispondere in quel tenore nel quale canterà la donna; abbia sempre un no pronto, per opporsi arditamente quando quella chiede cose fuori dei patti. Del resto buone parole, termini cerimoniosi, lusinghe, si dispensino abbondantemente, come pure tutto ciò che nulla vale. Quando succedono ai vezzi della donna le sue dichiarate pretese, si replichi buone promesse e la si mantenga con buona speranza, nello stesso modo in cui lei fomenta amore con simulazione; quando appare troppo tenace nell'interesse, o per altro di soverchio indiscreta, si disprezzi e ingiuri, dovendo l'uomo stare appresso alla puttana non meno disposto a lasciarla schernita di quello che sia per ordinario atto al fingersi amante.

CONFESSIONE DELL'AUTORE

Omnis peccans ignorans disse Aristotele, ingannato in questo assioma quando non si intenda al rovescio, cioè che ogni ignorante è peccatore, furbo, scellerato e abbonda di qualunque iniquità, conforme che approva una ordinaria esperienza. Nel rimanente l'ignoranza scusa il peccato, se vogliamo credere ai teologi, purché non sia di quella specie che già è convertita in una educata malizia. Il primo peccare dei nostri progenitori fu nel principio di conoscere la distinzione del bene e del male, poiché veramente quello solo è colpevole poiché sa e conosce la condizione delle cose e può scegliere la qualità delle proprie azioni. Avendo dunque mostrato in questo libro di conoscere almeno superficialmente gli artifici puttaneschi e i loro inganni, sono costretto ad accusare me stesso come aderente a quel male, di cui ho tanto notizia, essendo immerso in quelle laidezze che io propongo come degne di disprezzo.

Vengo però all'atto di questa confessione, la sincerità della quale non voglio che sia macchiata da alcuna mia discolpa. Potrei dire che con la lunga pratica ho scoperto le infinite ribalderie di questa professione, a me prima non evidenti, e che il ritardo nella conoscenza è un manto delle colpe antecedenti. Si faccia pure verità, e mi giovi il dire che fin da principio l'idea della puttana concepita nei miei pensieri fu tale e quale l'ho abbozzata su questi fogli, dove l'errore è evidente di aver prestato fede a chi ravvisavo infedele, e avere corrisposto con schiettezza di animo a chi sapevo procedere essenzialmente con doppiezza di finzioni.

Non condanno già il mio lascivo carattere perché non mi vergogno che sia palese, non portando conseguenze di vizio degno di virtuoso rossore o di giusti biasimi; dovremmo definire vergognoso anche il mangiare e il bere, poiché io non scorgo differenza dal procurare la sazietà della fame con il cibo all'incontrare le soddisfazioni di carnale desiderio, non meno naturale e necessario nei suoi compiacimenti; se il non mangiare o non bere genera la morte, anche *semen retentum est venenum (lo sperma trattenuto è veleno)* dice l'oracolo de' medici. E che altro si deve attendere dal veleno se non di morire? Sarà dunque ugualmente saggio il contrapporsi alle violenze dannose dell'uno e dell'altro appetito: entrambi derivano dalla comunicazione che abbiamo con le bestie, non punto soggetto alla ragione, poiché un grado superiore e universale non può essere comandato da altro inferiore e specifico. L'essenza umana è divisa di tre stati: vegetativo, sensibile e razionale. Si comprende in questo triplicato posto così distintamente che l'embrione non è imbevuto dell'anima umana, infusa nell'atto dalla potenza da cui fu creata, se già non è disposto con le due vite antecedenti. Quindi alcuni filosofi, e tra questi Zabarella, da qui presero per la loro dottrina, che fonda in noi tre anime separate. Come dunque non può l'uomo impedire gli effetti che seguono all'essere vegetativo, onde si porta all'accrescimento e ad altri atti propri con quali sostiene la vita, così nemmeno può rifiutare quell'appetenza che in lui è naturale, stante la parte animata e sensibile. Si distingue l'avidità del coito da tutte le altre inclinazioni viziose, le quali vantano per origine una passione sensibile; ciò particolarmente si dice essenziale e necessario *quod semper et in unoquoque est tale.* Ora non tutti i bruti abbondano di ferocia, di timore o di sdegno, diversificandosi anzi nella loro specie dalla variata condizione di queste maniere; in tutti d'altro canto, involontariamente, intervengono con i sentimenti il prurito di desideri lascivi. Anche da chi arruolò tra i peccati la lussuria, fu detto diverso dagli altri il peccato di carne, poiché veramente ella sola è connaturale al corporeo temperamento, e secondo che abbondano più o meno le qualità elementari onde composto questo misto, tanto maggiore o meno veemente si scorge questo appetito. Non vale l'oppormi la continenza di molti, di modo che si esclude quella generale necessità da me immaginata, poiché si devono considerare l'età e i particolari gradi di mescolanza che in alcuni formano tale inappetenza. Anche nei sensi succedono bene spesso mancanze, però non pregiudicano i concetti generali; parlo qui di una necessità, non assoluta ma ripetitiva. Ci sono molti che per naturale antipatia rifiutano il vino o altro cibo, benché giovevole, né però si conclude che sia non conforme all'umanità ciò che è discreditato da eccezionale stramberia; ci sarà qualcuno privo di udito o di altro sentimento, e per questo non si affermerà quel senso necessario alla perfezione dell'uomo; si dica anzi manchevole, come che decade da pregi di ben formato composto, e si addebiti la mancanza a cause estrinseche. Non altrimenti chi è inabile o poco incline al coito, dimostrando eccesso di frigidità, accusa l'imperfezione di non ben temperata mistura non già nota quasi indecente o superfluo impudico appetito. Tralascio i racconti di continenza virtuosa, poiché è praticata da pochi, benché professata da molti: volesse Dio che le apparenze di questa non cagionassero peccati molto più enormi, obbligati dalla veemenza con cui sopravanza l'appetito carnale. Non nego già le prove della virtù sopra gli affetti naturali, e persistendo nel primo confronto di questi desideri con l'appetenza del mangiare e del bere, concedo che come in questa l'indigestione e l'ubriachezza sono colpevoli, così nel coito sono viziosi gli eccessi e i comportamenti esagerati; affermo lecita in queste, anzi dovuta, una moderata cautela, come per il cibo si fa l'astinenza e il digiuno.

Concludo però ancora che come è naturalmente impossibile il non mangiare e non bere mai, così è in contraddizione con l'essere di carne il non soddisfare ai desideri ingenerati da questa, che risultano nocivi quando non si compiacciono. Darei in pegno me stesso per la verità di questa conclusione, che si vedrebbe confermata da molti, i quali rassembrano contraddittori di quella nell'esperienza, se solo si potessero vedere le azioni nascoste e i maneggi segreti di ciascuno. Pretendo con questo discorso far sì che non sia disapprovata la mia proposizione, in cui sin dal principio accennai non essere peccato vergognoso la lascivia, quando si appaghi in modo naturale e ordinario, vale a dire nel commercio con donne. Si veda Diogene, a cui fu dato credito di essere sapiente: non si vergognava di esercitare il coito nelle pubbliche piazze. E a dire il vero se non c'è nessuno che si vergogni di orinare in luoghi pubblici, perché si dovrà arrossire di usare palesemente il coito, nel quale si adopera lo strumento medesimo, scorre il seme per lo stesso canale ed egualmente si soddisfa all'impeto di naturale necessità? Non ha alcun fondamento la differenza tra un atto e l'altro, al di fuori di una vanità d'immaginaria opinione, a cui non devono soggiacere le persone sagge e giudiziose. Si diede da quel filosofo fondamento alla mia dottrina, poiché se non porta conseguenza di vergogna il nutrirsi, l'assecondare gli impulsi di altro simile desiderio o soddisfare alle necessità della natura (purché non subentri l'offesa del prossimo), indifferentemente ci si deve procurare la sazietà dei godimenti apportati dalla femmina; questa non meno ansiosamente appetisce l'uomo nei furori della lussuria di quanto avidamente sia desiderato il cibo da un affamato, o bevanda da un assetato. Lodo bensì il pudore, che come fondamento di più civile conversazione comandò di occultare questi atti impuri: fu ricevuto volentieri l'ordine dal senso, in quanto in segreta ritiratezza prevedeva più licenziosa la libertà di gioire e tuffarsi senza alcun riguardo nelle sorgenti delle delizie amorose. Si smetta di reputare poco meritevole di stima, e sufficiente causa di vergogna in un uomo, l'essere palese la sua lasciva inclinazione. Anzi gli eccessi stessi di lascivia sono contrassegni di gloria, avendo quasi sempre aggiunte condizioni riguardevoli. È tanto naturale questa inclinazione ai duetti amorosi, che anche nel suo sviluppo dipende dalla natura diversa dei corpi; ogni più notevole e ben organizzato composto porta con se questa propensione ai venerei piaceri: tratto della interna disposizione, non già di superficiale apparenza di bellezza, sapendo benissimo che generalmente i più deformi sono i più lussuriosi, e che da una bellezza esteriore si argomenta l'uomo messo insieme di mistura che lo rende poco incline alle lascivie. Si accoppiarono bensì mai sempre spiriti vivaci, arditi, generosi, e ai personaggi di maggiore stima o nel sapere o nelle armi fu sempre dato per contrappeso delle grandezze questo appetito, laddove convenne loro di arrendersi all'indiscreto orgoglio della femmina. Di ciò si avvidero gli antichi narratori, quando fecero Mercurio dio delle scienze e Marte nume della guerra, dotato o di gran valore o di sublime ingegno; la frequenza degli esempi in tutti i secoli esclude la necessità di altre prove. A proporzione di ciò che vediamo nelle belve, agli occhi stessi si rappresentano queste verità, scorgendosi quanto stolte in confronto delle altre siano quelle che usano di rado il coito: i muli privi di questo abbondano tanto maggiormente di pessime qualità, in guisa che si accennano tra noi come emblemi di peggiori; nel basilisco, l'unico tra gli animali senza passione d'amore, si trova tutto veleno, tanto che con il solo sguardo uccide. Fra gli uomini allo stesso modo vediamo essere stolidi e buoni da nulla, spesso cupi, maliziosi e perversi, quelli che sono estranei alle lascivie; chi all'opposto soggiace ad amorose passioni ha modi sinceri, maniere spiritose e termini gentili, tenendo distratti i pensieri da ogni malignità, occupandoli solamente a soddisfare ai suoi umori; è d'ottima riuscita, e sa maneggiare la lingua, la spada o la penna con tanta perfezione con quanta egli esercita più frequentemente le armi di amore. Mi pare già di sentire i padri spirituali che esclamano contro di me a piena voce, avvalendosi di quel detto *Gloriatur cum male fecerit etc. (Si vanta di aver agito male)*. Mi dicano un poco questi santoni se forse stimano di maggior perfezione la vergogna che è frutto del peccato, come si vede in Adamo ed Eva, che subito conobbero di esser nudi e si nascondevano; fu pena di quella prima colpa, antecedente anche alla sentenza divina, la necessità di celare le parti intime, al fine di privare l'umanità di così deliziosa mostra, quale sarebbe in un essere nudo senza moltiplicate coperture di abiti. Se dunque credono ch'*arbor bona non potest bonos fructus facere,* detto del vangelo, negare non potranno che cattiva sia la vergogna, che nacque dal peccato; sarà per certo più lodevole l'avere un temperamento d'animo conforme alla purità dello stato dell'innocenza, più che aggiustato a quel grado onde degenerò nella corruzione d'innocenti costumi. Oltre che al presente mi ritrovo in atto di confessione, nel quale ben è noto anche per sentimento dei teologi quanto dannosa sia e sconveniente la vergogna.

Bandiscasi dunque, per non essere impedito dall'accusarmi di una biasimevole facilità di assecondare gli inganni delle puttane. Nel modo più assoluto mi sono assoggettato alle loro frodi in tutti i modi che mi ha suggerito una errata credenza di poter migliorare condizione con cambiare le femmine o variare i trattamenti. Non osservai la comunicazione degli stessi artifici dettati dall'opportunità, come sono indistintamente partecipate le finzioni che si comandano dal sesso. M'impacciai con cortigiane, giudicando che usasse migliori modi chi aveva ricchezze maggiori; eppure dovevo presagire quello che si accennava in prospettiva, che cioè erano tanto meglio addottrinate nell'arte e avvezze a spolpare chi capitava tra le loro unghie: i grandi acquisti delle puttane riescono sempre di cattivo augurio a chi si appresta nel goderle, poiché deve supporsi una insaziabile avidità e maniere in ogni eccesso artificiose per rapire le sostanze dei poveri amanti. Abbassai dunque le vele: contento di rasentare un litorale piano mi diedi a costeggiare le amorose delizie con donne di minore fortuna, sperandone maggiori soddisfazioni; tardi mi accorsi del confronto di questo paragone, mentre in secca spiaggia, con maggior impeto, si fanno più impetuose le onde. Così queste tali, avendo la mira solamente ad arricchirsi con le altrui ruine, mai non tacciono, sempre inquiete nel lagnarsi di poco buona sorte e nello stesso tempo importune per chiedere qualche cosa. Come le prime sono insaziabili, così queste sono ingorde, e quasi fameliche avventano la loro rapacità al depredare le ricchezze; le loro qualità le fanno capaci di pigliare tutto, né avendo a schifo il ricevere dono di basso rilievo obbligano a moltiplicare le spese come se niente fosse, sicché è inevitabile avere nella borsa un moto perpetuo. Con il pretesto di avvantaggiarsi danno rifugio a tutti, e così la casa è sempre piena; si gode poco, né mai bene, poiché si confondono, e soffocano le contentezze nella mischia di tanti che così frequentemente portano la loro mercanzia a quel banco. Risolsi di provare se con più fortunato esito potevo sortire trattamenti convenevoli al desiderio facendo mezzana la gratitudine: sollevai alcune poste in miserabile stato, ed estraendole da un orrido sepolcro di vile necessità le feci risorgere ad una vita comoda, se non eccedente in lusso. A mio costo imparai che quanto più si spende tanto meno si merita, poiché in una professione vituperosa abbonda la femmina di tutti i vizi più bestiali; non è però esente dall'ingratitudine, poiché non riconosce alcun beneficio, detesta di confessarlo, ne ha il benché minimo pensiero di gratificarlo. Quando anche il dispendio sale a centinaia di scudi, lo stimano dovuto ad una potta rancida e fetente, per cui basterebbe paga di un moneta d'argento, considerata la bassezza della originaria condizione; negano di avere obbligo anche per eccessi di liberalità, e quanto più abbondantemente pagate tanto più si lamentano di essere state deprezzate. Così danno di calcio ai galantuomini queste ingrate, dopo che per la bontà del primo promotore della loro fortuna hanno ritrovato appoggio, ovvero che scapestrate e indomite per troppo tempo non vogliono giogo sul collo né freno in bocca. Chi mi conosce sa contro di quali puttane io scrivo, e sono in procinto di pubblicarne il nome, affinché impari ciascuno di sfuggirle come belve, anzi furie rapacissime e ingrate; mi astengo dal nominarle, sapendo che è un vizio nella confessione inserite il nome di altri, benché complici nel peccato. Mi attaccai sempre al peggio di continue pratiche per la tenerezza degli affetti troppo facili ad amorose impressioni; anche se con l'esperienza mi accorsi che la lunga conversazione con le puttane apre il campo al moltiplicarsi dei loro inganni, non so negare la convinzione di questo capriccio; devo lagnarmi solamente di me stesso, quando offrendomi volontario allo scopo della empietà di queste bestie lascio che mi afferrino a loro grado con dente vorace, fino al depredarmi le viscere. Sono tanto sciocco che con anticipato pagamento di molto denaro impegno me stesso, nonché per un mese molti: in tal modo è necessario tollerare ogni disgusto, anzi strapazzo, per risarcire la spesa e prenderne l'equivalente. Ho dimostrata balorda trascuratezza nel dare in prestito una somma di riguardo con la convinzione di riaverla, giudicando valevoli per ciò gli accordi presi precedentemente all'uscita della moneta: tardi ho conosciuto il pregiudizio di questa sciocchezza, perché le puttane non hanno fede né legge alcuna, nelle parole come nei fatti finte e bugiarde; replicano sempre le promesse di restituzione senza effetto, e benché abbiano in mano la sicurezza di quel prezzo, si lamentano come non pagate se l'amante si fa parsimonioso. Così ho permesso di essere oggetto in schiavitù di femmine indiscrete e impertinenti, costretto a non abbandonarle dall'interesse, che non mi persuade il far gitto così vanamente del mio laddove nella continuata pratica posso almeno prendere qualche riscontro dei godimenti, che, comunque siano apprestati, alla fine appagano i sensi e placano quel prurito lascivo; nulla di più avrei ricominciando con un'altra nuova spesa, e molto maggiormente soffrirebbe la borsa, che con l'altra già fatta familiare sta sui rigori per essere con lei in avanzo di credito. E perché in una buona confessione è opportuno porre le circostanze aggravanti, mi conviene ancora aggiungere con quale genere di puttane io abbia tollerato le simulazioni, graditi apparenti affetti e meritati scherzi irragionevoli: mi sono servito dell'intrattenimento di donne vecchie, deformi, sordide, incivili, che hanno saziate le voglie dell'universale progenie promessa già da Dio ad Abramo, cioè d'innumerevoli persone; mai non seppero fare distinzione di grado, pavoneggiandosi allo stesso modo come idoli dei più vili uomini e come oggetti di scherno e strapazzo appresso ai più grandi. Con queste ho dissipato il mio e consumato me stesso per il vantaggio dei trattamenti, quali possono aspettarsi da chi conversò solamente con canaglie e praticò sempre costumi indegni e infami. Dalla università di queste una la escludo, in merito della quale migliorarono un ben poco le condizioni di questa mia cattiva sorte. Non furono male impiegati verso questa i miei buoni termini, manchevoli nell'essere ordinari e distribuiti ad altre che meritarono gli influssi d'infausta opposizione. Non ho saputo approfittare delle occasioni, né discernere il beneficio d'amore che alle volte mi ha proposto donne

disinteressate, e in riguardo di altre molto affettuose e sincere: o
non le apprezzai di primo incontro, o non seppi lasciarle in tempo opportuno, prima che i progressi della conversazione le riducessero alla loro viziosità naturale, in paragone di quella scimmia avvolto di false apparenze, ma non già corrotto o soppresso. Cadono alla fine i veli di tutte le finzioni, e se qualcuna si mantiene in buon credito, non passano che pochi mesi che già si vedono all'auge delle infamie proprie della professione. Proseguì l'erroneità della mia elezione non già per mancanza di conoscenza delle loro pessime qualità, ma dalla falsa credenza onde presumevo di lusingare l'orridezza di queste larve. Si vedono sempre addomesticate le fiere quando le spinge la necessità a prendere cibo, amando umanamente chi le ristora. Quando fui in condizioni ripugnanti credetti che le buone maniere sarebbero bastate a supplire a questo difetto per soddisfare al proprio debito; non avendo parti meritevoli d'amore pensavo che avrebbero conosciuta in me una volontaria affezione, disinteressata in tutto fuorché nel pretendere l'equivalente di un sincero amore. Simili credenze sono stati i miei errori, poiché dovevo capire che ogni puttana è somigliante, e con eguale temperamento si armonizza in tutte le maniere contrarie all'umanità e opposte a qualunque obbligo di ragione. Si deve questa mia confessione al dolore, di cui non c'è dubbio stante le mie perdite, e quegli amari sentimenti che ancora tormentano, quando indigesti sono i disgusti né smaltite le passioni onde fui aggravato per la indiscretezza di queste bestie. È bensì altrettanto buono il proposito di non prestare mai più fede alle puttane, fuggendo ogni anticipato pagamento. Prometto di non comportarmi nella pratica diversamente da quello prescritto con la teorica: adeguerò nei trattamenti i concetti con i quali mi prefiggo nella mente il loro stato, quasi quello di cacatoi e orinali esposti a beneficio comune di chi vuole sgravarsi della sovrabbondanza del seme; obbligate dalla professione a posto di tale servitù, non meritano riscontro maggiore di quello sia per l'accennato parallelo. È indegna per certo la collocazione di verace affetto in una mercenaria soggezione, per cui si astringe la donna al ricevere gli umani escrementi: tale è il seme

gettato in quei vasi, che senza ritegno alcuno sono inabili alla generazione e servono solamente quasi cloache al ricettare quelle immondizie che con sordida tramutazione ivi corromponsi. Mi resta di prendere la penitenza convenuta al fallo commesso, ancorché sia eccesso di rigore l'assegnarla quando è già severamente precorsa nell'impaccio sortito con queste belve indiscrete, le quali maltrattandomi fecero maggiore la pena dei godimenti, e quindi più grave la penitenza che il peccato. In conformità nondimeno del pentimento mi addosso obbligazione contraria ad una affettuosa natura e alla schiettezza dell'animo, vale a dire di frequentare le simulazioni, gli inganni e anche i tradimenti con qualunque puttana che mi capiti alle mani; i biasimi, gli improperi e gli oltraggi saranno l'ordinario riscontro che servirà di usufrutto per lo capitale dei loro demeriti. Avrò fino ad ora compiuta in parte questa necessaria soddisfazione con aver pubblicati gli artifici del mestiere, per discreditarle appresso ai più semplici, dei quali trionfare sogliono facilmente con le finzioni.

INDICE

Usa il QR code
e scopri gli altri titoli della stessa collana

www.ingramcontent.com/pod-product-compliance
Lightning Source LLC
Chambersburg PA
CBHW022146150726
47992CB00002B/782